RAIMON SAMSÓ

TALLER DE AMOR

Basado en los principios de
UN CURSO DE MILAGROS

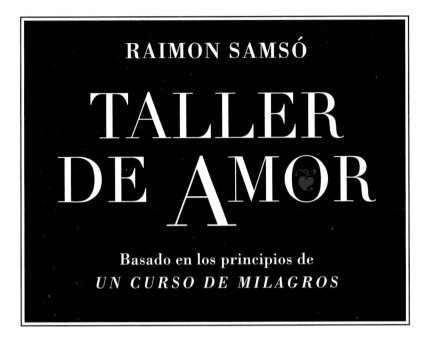

RAIMON SAMSÓ

TALLER DE AMOR

Basado en los principios de
UN CURSO DE MILAGROS

EDICIONES OBELISCO

Si este libro le ha interesado y desea que le mantengamos informado
de nuestras publicaciones, escríbanos indicándonos qué temas son de su interés
(Astrología, Autoayuda, Ciencias Ocultas, Artes Marciales, Naturismo,
Espiritualidad, Tradición...) y gustosamente le complaceremos.

Puede consultar nuestro catálogo en www.edicionesobelisco.com

Colección Libros singulares
TALLER DE AMOR
(BASADO EN LOS PRINCIPIOS DE *UN CURSO DE MILAGROS*)
Raimon Samsó

1.ª edición: septiembre 2016

Maquetación: *Isabel Estrada*
Corrección: *M.ª Jesús Rodríguez*
Diseño de cubierta: *Enrique Iborra*

© 1997, 2016, Raimon Samsó
(Reservados todos los derechos)

Fotografías: Págs. 17, 21, 35, 37, 39, 41, 45, 47, 51, 53, 57, 61,
69, 79, 85, 91, 93, 97, 99, 109, 115, 117, 121, 127, 131,133,
141, 147, 155, 159, 167, 173, 179, 185, 191 (Fotolia)

© 2016, Ediciones Obelisco, S. L.
(Reservados los derechos para la presente edición)

Edita: Ediciones Obelisco S. L.
Pere IV, 78 (Edif. Pedro IV) 3.ª planta 5.ª puerta
08005 Barcelona - España
Tel. 93 309 85 25 - Fax 93 309 85 23
E-mail: info@edicionesobelisco.com

ISBN: 978-84-9111-131-3
Depósito Legal: B-12.453-2016

Printed in India

A mis padres Ana y Eduardo,
por despertar en mí la pasión por el conocimiento.
A mi abuela Carmen, que me enseñó a leer,
y a mi abuelo Raimon, por aquel primer libro.

Introducción

El mundo ha experimentado una gran transformación desde que escribí la primera edición de ***Taller de amor***. Veinte años son suficientes para que, a la velocidad en la que hoy circula el conocimiento en el planeta, haya decidido revisarla en profundidad. Esta edición de lujo es la celebración de ese veinte aniversario como autor de desarrollo personal y que empezó una primavera de 1995. Su publicación abrió una nueva vida para mí y lo cambió todo, quiero agradecer a Ediciones Obelisco la fe que depositó en el manuscrito que antes fue rechazado en 32 editoriales.

Para mí es un gran privilegio estar presente en un tiempo en el que la conciencia colectiva de la humanidad está viviendo una auténtica emergencia espiritual. Esta versión actualizada contiene algunas modificaciones importantes. Adicionalmente, he añadido nuevo material para celebrar este veinte aniversario.

Si has encontrado este libro entre tantos, estás listo para su comprensión. Te propongo dar un paso, un único paso y los siguientes se sucederán. Es un viaje increíble cuyo inicio tú decides. A menudo, algo en ti te pedirá que te detengas; esas pausas también son necesarias. Es un viaje que tarde o temprano realizarás, no importa cuándo. Te aguarda una travesía llena de descubrimientos pequeños pero asombrosos, en la que irás tomando notas. Es el viaje de vuelta al amor. Este libro no es ningún mapa de viaje, porque no existe tal mapa. Sólo es una invitación a dar unos pasos. En el camino tal vez nos encontremos –somos almas trabajando en equipo– para mostrarnos lo importantes que somos los unos para los otros. Vamos a pedir que recorramos el camino con alegría.

La vida es un taller de amor. De amor porque éste es la materia fundamental. El amor es el material con el que trabajar, es un recurso ilimitado. El amor como materia prima proporciona resultados milagrosos a cambio de esfuerzos insignificantes, es un lenguaje que entiende todo el mundo. Y es un taller porque hay que trabajar. Es también una Escuela de Almas porque todos somos a la vez aprendices y maestros. Nuestro trabajo empieza por recordar la verdad. ¿Por qué recordar?, porque en algún momento la olvidamos. Y ese olvido es la fuente de todo el sufrimiento.

Al escribir *Taller de Amor*, me he basado en los principios de **Un Curso de Milagros** (UCDM para abreviar en lo sucesivo) –A Course in Miracles®, propiedad intelectual de Inner Peace Foundation–. Es un texto de sabiduría perenne y mi libro de cabecera más estimado, y el presente libro es un homenaje a esa obra. Si bien el mérito de los principios que aquí se explican pertenece a esa obra, las posibles inexactitudes en mi interpretación deben achacárseme sólo a mí.

El excepcional *A Course in Miracles*, traducido ya a una veintena de idiomas, consiste en un tratado psicológico para la corrección del pensamiento y alcanzar la paz mental. El Curso se enfoca a corregir la percepción interna. Es un programa de autoestudio de psicoterapia espiritual. Abraza verdades espirituales universales y no debe confundirse con ningún credo religioso.

Uno podría dedicar toda su vida a su estudio y no llegar a conocerlo en su totalidad.

El Curso consta de tres partes, «aparentemente incomprensibles» para una mentalidad convencional; y actúan como los «disolventes» más efectivos del ego que conozco. Es el texto de sabiduría más poderoso que he encontrado y puedo garantizarte que funciona, de ahí su título tan prometedor.

Cuando hojeé por primera vez el Curso tuve la sensación de que se trataba de una obra muy inspirada y de hallarme ante el conocimiento puro.

Este libro de sabiduría es uno de los grandes textos de espiritualidad con que cuenta la humanidad. Siempre encontré en él las palabras adecuadas a mis necesidades, de algún modo parecía que había hallado el «libro amigo» que sabía perfectamente qué necesitaba en cada momento y me ofrecía las palabras adecuadas. Un amigo te dice las verdades, en este sentido el Curso habla de frente y claro, enseña lo que la gente todavía no cree pero sabe que es verdad.

Cada capítulo se abre con una frase de Gerald G. Jampolsky, para mí el mejor autor, en todo el mundo, a la hora de explicar Un Curso de Milagros. Leí su libro: *Amar es despojarse del temor* hace 25 años y así me introdujo en el Curso. Esa lectura lo cambió todo, cambió mi vida y le estoy agradecido eternamente. Este libro es un homenaje a este doctor en medicina que ha dedicado su vida a la curación de la actitud, basada en el Curso, en su centro de Sausalito: *Center for Attitudinal Healing*.

Lo que sigue es un resumen de las lecciones de Gerald G. Jampolsky para curar la actitud, entre las que destaco:

Nunca estoy disgustado por la razón que creo. Estoy decidido a ver las cosas de otra manera. Puedo renunciar a los pensamientos de ataque. No soy víctima del mundo que veo. Hay otra forma de ver el mundo. Podría ver paz en lugar de esto. No hay nada que temer. El miedo nunca está justificado. Dar y recibir son lo mismo. El perdón es la llave de la felicidad. Todo lo que doy es a mí mismo a quien se lo doy. En mi indefensión radica mi seguridad. Hoy no juzgaré nada de lo que ocurra. Este instante es el único tiempo que existe. El pasado ya pasó y no me puede afectar. Sólo mi propia condena me hace daño. Puedo elegir cambiar todos los pensamientos que me causan dolor. Elijo tomar mis decisiones basándome en el amor y no en el miedo…

Ahora imagina que fueran titulares de prensa cada día, ¿cómo sería el mundo? ¿Y si estuvieran en tu mente en tu día a día? ¿Cómo sería tu vida? Entonces, olvida el mundo y céntrate en tu vida porque es lo único que puedes cambiar. Aunque al hacerlo influyes en el mundo y lo cambias también.

En mis cursos de desarrollo personal me doy cuenta de que todos los problemas del mundo son el mismo: las personas sufren porque han olvidado su naturaleza real –desconocen «quiénes son»– y carecen del sentido de significado en sus vidas –desconocen «para qué son».

Con el objetivo de que cada uno pueda responderse estas dos preguntas escribí este libro. Cuando lo acabes, habrás terminado una lectura y empezado un proceso con el que transformar en profundidad tu vida, ya que el Curso dura toda la vida.

Raimon Samsó, autor

1

Taller de Amor, Escuela de Almas

«Enseñamos lo que queremos aprender, y mi deseo es aprender a experimentar paz interior».

GERALD G. JAMPOLSKY

En este capítulo descubrirás la naturaleza pedagógica de este planeta, una de las escuelas de almas más hermosas y de la que es un honor y un privilegio formar parte. Sabrás que el plan de estudios ya está fijado y que la única elección es cuando decidimos tomar las lecciones, las cuales son irrenunciables. Cualquier persona es un alumno pero también un maestro, sin que haya diferencia entre lo uno y lo otro.

Bienvenido a esta Escuela de Almas.

Estar aquí ahora es un acontecimiento que tú elegiste para asistir a esta escuela que es el planeta Tierra, una de las más hermosas escuelas en el Universo que conoces.

El plan de estudios de este Taller de Amor tiene el poder de transformarte en profundidad y de devolver tus pensamientos al amor. El contenido del plan de estudios es obligatorio, sólo el momento en que decidas cursarlo es voluntario.

No encontrarás ninguna materia en tu plan de estudios para la que no estés preparado, de otro modo, no habría sido incluida como materia de aprendizaje. Ninguna situación de tu vida es más fuerte que tú, de lo contrario no estaría ahí para que la superaras.

Esta escuela valora las relaciones personales con tus compañeros como vuestra práctica espiritual más elevada. Vuestra presencia activa lecciones valiosas para el mutuo aprendizaje.

En esta escuela no hay fracaso posible, sólo existen infinitas oportunidades de aprendizaje. No aprovecharlas es aplazarlas para más adelante. En cualquier caso, no hay prisa, dispones de la eternidad pues el tiempo no existe.

El plan de estudios posee un gran sentido en la economía de recursos: no desperdicia el tiempo insistiendo en lecciones ya aprendidas; así como tampoco lo escatima en las que quedan por comprender. Cuando el alma aprende, es para siempre.

Todas las almas aprenden las mismas lecciones en momentos diferentes. Su margen de elección se limita al cuándo, no a qué aprender.

«Vosotros en la Tierra no tenéis idea de lo que significa no tener límites, pues el mundo en el que aparentemente vivís es un mundo de límites».

UCDM

Las lecciones que se repiten adoptan formas diferentes bajo circunstancias similares para procurar el aprendizaje, de uno u otro modo, más pronto o más tarde. El tiempo es irrelevante.

Las lecciones de esta escuela tienen como único objetivo su aplicación práctica inmediata. La comprensión intelectual previa de la materia es imposible. No es con la mente con la que hay que aprender sino con la experiencia del corazón.

Esta escuela, en realidad, sólo tiene un único y gran propósito y que es el resumen de todos los demás objetivos: paz interior. Es un viaje de vuelta al Amor, del que nunca deberías haberte olvidado.

«No digas que no puedes aprender, pues tu capacidad para aprender es tan grande que te ha enseñado cosas tan difíciles como que tu voluntad no es tu voluntad, que tus pensamientos no te pertenecen, e incluso, que no eres quien eres».

UCDM

El aprendizaje queda completado cuando seas capaz de llevar cualquier circunstancia al amor, por difícil que sea. Para ello, dispones de tantas oportunidades como consideres necesario.

Esta escuela no evalúa ni examina a sus alumnos puesto que ellos mismos aceptaron el plan de estudios. Cada lección, aunque no su apariencia ni el momento, fue solicitada de antemano; y por esa misma razón, concedida.

Esta escuela es un recurso de aprendizaje y cuando éste se haya producido aquél desaparecerá por ser innecesario.

Y recuerda, durante tu estancia, que eres profundamente amado y que tu valor infinito ya fue establecido en el origen y no precisamente por ti.

2

Una percepción verdadera: amor

«Al escoger el Amor en lugar del temor, comenzamos a experimentar una transformación personal».

GERALD G. JAMPOLSKY

En este capítulo conocerás la diferencia entre percepción, conocimiento, realidad e ilusiones. La percepción es una óptica desde la que se valora una experiencia. Hay muchas ópticas, diferentes objetivos, y cada una capta una misma realidad de diferente manera. Aprender a distinguir entre lo que vemos y lo que esperamos ver es muy revelador para liberarse del engaño de nuestros sentidos y mentalidad.

La ley de causa y efecto

El mundo parece ser la causa de lo que experimentamos y la vida, una cadena de circunstancias a las que reaccionar. Limitar nuestra responsabilidad a reaccionar a lo que el mundo parece ofrecer a cada momento no está resultando de mucha ayuda, pues ello se sustenta en una doble falsedad: la primera es que las circunstancias son independientes de la persona que las vive; y la segunda, pensar que las experiencias son arbitrarias y carecen de causa. A eso parece reducirse todo.

No es de extrañar que en el mundo gobierne el miedo. La razón para escribir este libro es mostrarte la irrealidad de este sistema de pensamiento. Cuando hayas leído *Taller de Amor* habrás aprendido lo contrario a lo que te han enseñado pero no funcionó. Esta lectura va a sacudir en profundidad las creencias que hasta la fecha no te han brindado paz interior.

Permíteme recordarte la ley más fundamental que existe, la ley de la causa y el efecto, que señala que hay una razón detrás de todo lo observable. Y cuando las causas se corrigen, los efectos cambian. Creer que la vida sucede al margen de nosotros nos despoja de nuestro poder creativo. El nuevo paradigma «como es adentro es afuera» –sustituye «como es afuera es adentro»– nos devuelve el poder personal perdido. Hasta la fecha, has tratado de corregir los efectos pero manteniendo activas las causas, ¿ves dónde está el error?

Las columnas que sostienen el mundo visible son invisibles y aun así lo sostienen. Los cambios importantes y duraderos siempre ocurren de dentro a fuera. No sobrevalores las apariencias, impacientándote por ver los primeros resultados. Los primeros cambios no son visibles a los ojos y nunca sabrás cuándo, cómo y de qué manera la situación empieza a transformarse.

> «Si me interpusiese entre tus pensamientos y sus resultados, estaría interfiriendo en la ley básica de causa y efecto: la ley más fundamental que existe. Es mucho más eficaz que te recuerde que no ejerces suficiente vigilancia con respecto a tus pensamientos».
>
> **UCDM**

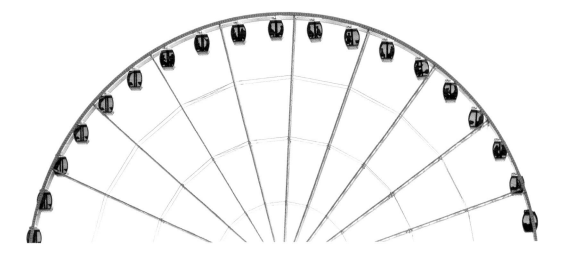

Las personas que ignoran la ley de la causa y el efecto perciben el mundo como una causa y su vida, tal como es, como un efecto. Viven en una noria sin fin. Sé que puede resultar chocante aceptar que los pensamientos son causa y la realidad es efecto. Tómate tu tiempo. No es preciso que lo entiendas ahora; por favor, sigue leyendo. Al final de la lectura comprenderás por qué no tiene ningún sentido hacer responsable al mundo de tus circunstancias.

Imagina por un segundo que tus sentidos te engañan. Es fácil caer en la trampa de los sentidos que nos llevan a pensar que somos seres separados y desvinculados, abandonados a la suerte. Imagina ahora que los científicos demuestran lo contrario. Hoy la ciencia sabe sin lugar a dudas que en todo el universo no existe nada semejante a lo que llamamos «separación» y que ésta sólo existe en la mente como una ilusión. Dar crédito a la separación es una absoluta superstición, cae en lo extravagante.

«Sólo aquellos que reconocen que no pueden saber nada a menos que los efectos del entendimiento estén con ellos pueden realmente aprender. Para lograrlo tienen que desear la paz, y nada más».

UCDM

Un nuevo paradigma de la cosmovisión debe prescindir de la información que nos dan los sentidos, a los que estamos tan acostumbrados, o no habrá una evolución sustancial.

Piensa en cada una de las palabras que siguen y en su efecto en tu vida. En esta lectura voy a rogarte que estés dispuesto a poner en duda cada una de las creencias que no te ha proporcionado paz hasta este momento. Te propongo una actitud de apertura mental a lo largo de la lectura, las ideas que siguen son radicales porque los beneficios que proporcionan también lo son. Éste no es sólo un libro de buenas palabras, más bien es directo y contundente. Bastará que lo leas tres veces para que la paz interior sea inevitable.

Las personas que experimentan paz interior conocen bien la relación entre sus pensamientos y sus emociones. Relacionan causas y efectos. Y por medio de la autocorrección de su pensamiento alcanzan su centro de gravedad. Esta afirmación conduce a la siguiente en la que quisiera que te enfocaras: el mundo no necesita cambiar, todo el trabajo se reduce a corregir la mente. Todo se logra al nivel de la mente. No es misticismo, no es filosofía, es disciplina.

Una mente entrenada es aquella que crea su realidad de un modo consciente y sabe que sus pensamientos son la causa y sus circunstancias el efecto. Pero una mente no se puede entrenar si no lo desea y está lista para ello. Por el momento, permanece receptivo a estos conceptos, tendrás tiempo para explorarlos.

Hoy experimentas los pensamientos de ayer

A las personas que dicen no «ver», o controlar, lo que piensan les diré que la realidad no engaña nunca. Si miran su entorno verán con claridad qué hay en su mente. No hay margen de error. Lo que ven con sus ojos es una transcripción

«Cuando se niega la visión, la confusión entre causa y efecto es inevitable. El propósito ahora es mantener la causa oculta del efecto y hacer que el efecto parezca ser la causa. Esta aparente autonomía del efecto permite que se le considere algo independiente».

UCDM

literal de sus pensamientos. Lo que perciben es el resultado de lo que proyectan desde su mente a su mundo.

Pronto verás que la mente es un instrumento de percepción y su cualidad principal es la interpretación. La mente puede interpretar la realidad, pero para llegar a conocerla la mente debe hacerse a un lado. Es en el estado de no-mente, de meditación, que la mente pasa de la percepción al conocimiento.

Si ya has empezado a notar que trasladas a tu realidad tus creencias y pensamientos, intuyes que cada idea que pones en tu mente tiene muchas posibilidades de convertirse en una experiencia muy real. Como has comprobado, los pen-

«La percepción selecciona y configura el mundo que ves. Literalmente, lo selecciona siguiendo las directrices de la mente. La percepción es una elección, no un hecho».

UCDM

samientos son energía «solidificándose» en el mundo de la materia. Por esa razón, ya habrás oído decir que «los pensamientos son cosas». Hasta ese punto somos responsables de la realidad que experimentamos.

Me gusta afirmar que los pensamientos son «pronósticos del futuro». Cierra los ojos, si lo deseas, y repítelo para no olvidarlo. Albert Einstein lo dijo con otras palabras: «El mundo que hemos creado es el resultado de nuestra forma de pensar». Personalmente no me permito que los pensamientos de baja vibración entren en mi mente. Si vigilo mi dieta alimenticia con extremo cuidado, y lo hago, no veo razón para no hacer lo mismo con mi «alimento mental». Estoy a dieta de pensamientos negativos. No me sientan bien y por esa razón no me los permito.

Una de las ideas más impactantes de este libro es que siempre es posible cambiar un pensamiento. Todas las creencias pueden cambiarse. No unas sí y otras no: todas son todas. Esto no es teoría, es un hecho y si alguien no lo cree posible es porque aún no acepta la responsabilidad de dirigir su vida.

Las creencias son posesiones imaginarias, identificaciones mentales a las que el ego se resiste a renunciar. Y el mejor modo para cambiarlas es reemplazarlas por otras más útiles. Sinceramente, pienso que derrotar un hábito mental no resulta sencillo, pero aun siendo difícil, ¿qué te impide hacer lo difícil? Y si crees que te resulta difícil, por favor, deja de repetir que no puedes… Nunca te sugeriría luchar con un comportamiento, un hábito, una emoción… todo eso son efectos. ¿Qué utilidad tiene corregir los efectos y olvidar las causas? Mejor deja de reaccionar a lo que percibes y corrige tu percepción. Céntrate en la percepción, es la causa de todo lo que parece estar ocurriendo. Recuerda que la percepción es una interpretación, no un hecho. Y una interpretación puede cambiarse siempre, todas las veces.

Ahora, ¿te centras en las causas o en los efectos? El Taller de Amor es una experiencia educativa enfocada a las causas: el pensamiento, y no a los efectos: los sucesos de tu vida. Por esta razón, durante esta lectura no encontrarás nada para cambiar las circunstancias, los comportamientos y las emociones porque son todos efectos de una causa: tus creencias y pensamientos. Cuando veas claro esto, prosigue con la lectura.

- Tu vida es un efecto.
- Tus relaciones son un efecto.
- Tu salud es un efecto.
- Tu economía es un efecto.

Resultaría muy extraño querer cambiar todo eso y mantener intactas las causas que lo crean.

«Esto concuerda con la ley fundamental de la percepción: ves lo que crees que está ahí, y crees que está ahí porque quieres que lo esté. La percepción no está regida por ninguna otra ley que ésa».

UCDM

En la Escuela de Almas, tú eres tu trabajo. El mundo está bien como es, estaba antes de ti, seguirá después. Es la perfección.

La ausencia de juicio lleva a la paz perfecta

Los beneficios de aplicar los conceptos que compartiré contigo en este apartado te crearán una impresión duradera.

Esto es lo que he aprendido acerca de los procesos de la mente: primero va el pensamiento, le sigue la emoción, el comportamiento y después los resultados. Eres causa de tus efectos, unas veces es inmediato, otras, diferido en el tiempo. Lo cierto es que no existen pensamientos neutros.

Quisiera que vieras la diferencia entre percepción y conocimiento. La primera emite juicios y valoraciones, el segundo suspende la necesidad de cualquier juicio. La percepción tiene que ver con lo que quisiera que fuese y el conocimiento tiene que ver con lo que es. En este libro vamos a enfocarnos en cómo conseguir la «percepción correcta», explorar la conciencia sobrepasa su alcance y deberás experimentar por tu cuenta. Más allá de la percepción de la mente, entramos en el ámbito de la conciencia, donde percibir es imposible porque el conocimiento no emite juicios; y por esa razón, no está sujeto a interpretaciones de ninguna clase. El conocimiento está más allá de cualquier percepción –correcta o incorrecta–. El conocimiento ni siquiera es «percepción correcta» porque toda percepción es inestable y el conocimiento es firme. Si deseas profundizar en este concepto, deberás dejar a un lado la lectura por un momento y sentarte a meditar. Tal vez tu siguiente paso evolutivo es alcanzar la «percepción correcta», este libro te ayudará a experimentar la paz perfecta.

Permíteme ofrecerte una premisa que podrás aceptar con facilidad: la mente es el ámbito de la interpretación pero

> «Independientemente del tipo de juicio de que se trate, juzgar implica que abrigas la creencia de que la realidad está a tu disposición para que puedas seleccionar de ella lo que mejor te parezca».
>
> **UCDM**

considerando la realidad. La persona promedio obtiene resultados desiguales porque está confundida. No cuestiona sus interpretaciones y las da por ciertas. En consecuencia, trabaja con los hechos pero no con las interpretaciones que hace de ellos.

Como busca la solución allí donde no está, la decepción y el sufrimiento son moneda corriente.

Deseo que comprendas que sólo hay un problema y, por tanto, una solución aunque sé que no es una solución del agrado de la mayoría. Hoy vemos muchos «buscadores de la verdad» pero pocos buscan sus mentiras para examinarlas. La idea principal es que cuestiones todo lo que te aleja de la paz interior. Cuando identifiques tus conflictos, y te deshagas de ellos, tendrás paz. Este texto está diseñado, no para que busques la paz, sino para que identifiques algo que conoces mejor: tus conflictos. Detrás de todos esos obstáculos se encuentra lo que más anhelas.

> «El juicio que habías emitido sobre el mundo queda anulado mediante tu decisión de tener un día feliz».
>
> **UCDM**

La palabra más utilizada para nombrar la percepción es «creencia» y no «fantasía». La segunda no es cómoda pero pone en alerta. Voy a ser radical en esto: lo que no es verdad es una fantasía, una «telenovela mental». Por ahora, me gustaría que te quedaras con esta poderosa idea: quienes no examinan un pensamiento lo protegen y se convierten en cómplices de sus consecuencias.

Te preguntarás, ¿cómo corregir la percepción errónea? Tengo tres pautas prácticas:

En primer lugar, cuestionando cualquier pensamiento perturbador.

En segundo lugar, dejar de convertir una mentira en «verdad».

En tercer lugar, prescindir de clasificar la percepción como verdadera o falsa, ¡todo es percepción!

Si te sientes perturbado por cualquier motivo siempre es por causa de haber fabricado en la mente una percepción errónea. De no hacerlo, tratarás de resolver en el mundo un problema que no existe; y en tu impotencia, acabarás por desesperar. ¿No es un extraño comportamiento?: crear una ilusión, a la que se llama problema, y después buscar solución a lo que no existe.

> «La decisión de juzgar en vez de conocer es lo que nos hace perder la paz. Juzgar es el proceso en el que se basa la percepción, pero no el conocimiento».
>
> **UCDM**

Recuerda siempre esto: no creas una realidad con un «sí» y la eludes con un «no» porque si ya los has puesto en tu mente –tanto si lo deseas como si no lo deseas– ya empezó a trasladarse a la realidad. No es tu «diálogo interno» lo que crea tu realidad, sino aquello en lo que piensas y la emoción con que lo piensas.

No es nuevo, ya se ha dicho, ¿cuesta tanto aceptarlo?

La corrección del diálogo interior

Ahora mismo, mientras lees, tu mente mantiene un «diálogo interno» por el cual el pensamiento se traduce al lenguaje de las palabras. Sin el vehículo del lenguaje se hace difícil imaginar el proceso de pensar. En ese diálogo interno hay dos «sistemas de pensamiento»:

- El del amor
- El del temor

¿Puedes percibir la diferencia entre ambos sistemas de pensamiento por cómo contemplan el mundo?

Como sabes, los pensamientos crean emociones, éstas comportamientos y estos últimos resultados. Entonces, si no te gusta cómo te sientes, o lo que obtienes de la vida, cambia tus pensamientos. Sencillo, ¿verdad? Lo pondré más fácil: el mundo que ves no tiene otro significado al margen del que tú mismo le otorgas. Una idea como ésta suele producir un «cortocircuito mental» la primera vez que se escucha, pero créeme que es la clase de sacudida interior capaz de restablecer la luz. Si de verdad penetras en el significado de este paradigma, nada podrá herirte.

> «En presencia del conocimiento todo juicio queda, automáticamente suspendido, y éste es el proceso que le permite al conocimiento reemplazar a la percepción».
>
> **UCDM**

Lo que nos «decimos» es importante. Las palabras cuentan. Creer que porque nadie puede «oír» lo que «nos decimos» cuando pensamos eso no tiene importancia, es engañarse. La «conversación interior» es la más importante de todas las que mantenemos; y a menudo, la más descuidada. El subconsciente se limita a seguir instrucciones. Y da por supuesta nuestra conformidad con el contenido del «discurso interior»; porque, ¿quién en su sano juicio entregaría su tiempo a lo que no cree?

Pon plena atención en lo que te rodea. Las circunstancias actuales dan testimonio de cuanto pensamos y nos «decimos» en el «diálogo interno» ahora mismo. Son un reflejo, una confirmación del pensamiento. La paz o el conflicto que experimentas son el rastro de lo que has pensado con anterioridad. Hoy sabemos que es posible modificar el comportamiento y las emociones con tan sólo cambiar el vocabulario que usamos. Las palabras curan o enferman, y la ciencia lo estudia ahora en una nueva disciplina: «psiconeuroinmunobiología».

Si deseas paz interior, y aún no la experimentas, es porque no cuidas un mínimo la calidad de tus «conversaciones internas». Cada pensamiento contribuye o bien al amor o bien al temor, ¿recuerdas los dos «sistemas de pensamiento»? No hay excepciones: o expresas amor o expresas temor. A eso se reduce todo.

Finalmente quisiera que prestaras atención a esta pregunta: ¿cuándo fue la última vez que te escuchaste? Y a dos sugerencias:

No te creas todo lo que te dices pero aprende a escucharte.

No te creas todo lo que te digan pero aprende a escucharles.

Pensamientos basura contaminan el mundo

Explicar la «química del pensamiento» está fuera del alcance de este libro, pero si buscas información al respecto la encontrarás. En síntesis, te diré que cada emoción es la «respuesta química» a un pensamiento. Nadie está dispuesto a aceptar que piensa «al revés». Pero es lo más frecuente, sino ¿a qué se debería tanto sufrimiento? Este libro te proporciona un método para hacer «la colada emocional» y hacer la colada significa observar tu pensamiento y cuestionarlo. Hazte buenas preguntas y úsalas como «detergente». Créeme: no hay nada peor que una mentira considerada como «verdad» por el simple hecho de haberla repetido infinidad de veces.

O examinas tus mentiras o eres su cómplice. Continuando con el símil de «la colada emocional», admitirás que entre nuestras tareas diarias están: asearnos, limpiar nuestro hogar, la ropa, el automóvil… Pero ¿qué ocurre con «limpiar» la negatividad mental? Si elegimos cuidadosamente aquello con que alimentamos el cuerpo, ¿por qué no hacer lo mismo con los pensamientos? ¡La mente necesita aseo diario! Si comprendes que tu trabajo eres tú y que el lugar en el que realizas tu trabajo es tu mente, te sorprenderás de cuánta «basura mental» aceptaste con anterioridad. Y te hallarás en el inicio de un nuevo modo de pensar.

He de decirte que todo conflicto se corresponde con una fantasía. Si hay sufrimiento es porque hay una fantasía activa. La verdad no causa dolor, aunque sí las interpretaciones que hacemos de la verdad. No hay ningún conflicto que no se resuelva con la corrección de la percepción. Si estás en conflicto, considera que podrías estar en perfecta paz sin cambiar nada más que tu percepción de la situación. Si en

«Las percepciones falsas producen miedo y las verdaderas fomentan el amor, mas ninguna de ellas brinda certeza porque toda percepción está sujeta a cambios. Por eso es por lo que la percepción no es conocimiento».

UCDM

este momento no sientes paz es porque tu mente está en conflicto –aunque desee la paz–. No esperes que llegue la paz de forma espontánea sin antes estar en paz tú.

Sólo tus pensamientos pueden causarte dolor.

Como conclusión: no deberías dar cabida en tu mente a pensamientos negativos porque por poco que les concedas atención se convertirán en hábitos; y después, en tu siguiente realidad en el mundo material. Una pregunta para concluir: ¿pensarías lo que piensas si te dijeran que tu mente es parte de la Mente Uno? Lo cierto es que tus pensamientos y los míos nos afectan a ambos mutuamente, seamos, pues, respetuosos el uno con el otro, por favor. La mente es un espacio sagrado, no un vertedero de «pensamientos basura», respetémosla. ¿La honras como el lugar más cercano a la idea de Dios?

Las trampas de la mente dual

La dualidad, o polaridad, es «el juego de los contrarios», el cual únicamente existe en la mente como una idealización con el propósito de simplificar la comprensión del mundo. Como la mente no es hábil en comprender multidimensionalmente, para su comodidad, reduce su análisis a la dualidad. Por ese motivo, fragmenta en partes para poder entenderlas por separado.

Divide y subdivide y luego cree en su creación fragmentada.

Los contrarios parecen excluirse entre sí, cuando sin uno de ellos el otro no existiría. El pensamiento dual establece: bueno y malo, justo e injusto, yo y los demás, pasado y futuro, masculino y femenino, etc. Lo cierto es que la percepción dual está tan implantada en nuestras estructuras mentales que no podemos concebir algo sin su contrario. Parecen necesitarse, y es así. ¿Una moneda sin ambas caras sería una moneda?

«Los opuestos deben ponerse uno al lado del otro en vez de mantenerse separados, pues su separación sólo existe en tu mente, y, al igual que tú, se reconcilian al unirse».

UCDM

Pero la realidad no está fragmentada y no es dual. Cuando aceptamos solamente uno, estamos rechazando al contrario, y eso crea una realidad «incompleta». En la filosofía taoísta los principios Yin y Yang son dos fuerzas complementarias: el Yin representa la potencialidad, o el germen de lo que va a ser, y el Yang representa cuánto es. La separación, o paradoja dual, se resuelve desde la unidad.

¿Bueno o malo? Quién sabe. Lo que pareció ser malo, con el tiempo, se valoró como bueno. No dejan de ser dos ilusiones. Lo mismo se puede decir de las ilusiones sobre la realidad. Porque hay ilusiones hay desilusiones; y porque hay ilusiones es posible despertar. ¿Cómo saber qué es bueno o qué es malo?

El ego parece saberlo. De hecho, etiqueta cualquier cosa como: favorable-desfavorable, fácil-difícil, buena-mala, amigo-enemigo… Desconoce expresiones como: impecabilidad,

«El velo de la ignorancia está corrido igualmente sobre lo bueno que sobre lo malo, y se tiene que traspasar para que ambas cosas puedan desaparecer a fin de que la percepción no encuentre ningún lugar donde ocultarse».

UCDM

aceptación, perdón, verdad interna… porque esas palabras, y otras de elevada vibración, son su amarga medicina.

Cambio de percepción, cambio de vida

Valorar una persona por sus errores del pasado es tanto como no verla tal como es hoy en absoluto, ¡es examinar su currículum! Ni siquiera es verla tal como era, sino como se comportó. ¿Puedes sentir la diferencia?

La persona promedio siempre está buscando errores y faltas en el pasado. Le encanta revolver en el pasado. Por esta razón no ve a nadie tal como es ahora, sino:

- como fue,
- como quiere verlo,
- como aprendió a verlo,
- como cree que es…
- …pero nunca como es ahora.

Las personas cambian, pero por desgracia las impresiones sobre ellas no suelen hacerlo con facilidad. Permíteme iluminarlo mediante una metáfora. Cuando miras la noche estrellada, en realidad ves el «pasado» del firmamento. Si juzgas a otra persona, también ves su pasado; o mejor dicho, ves tu pasado: tu primera impresión, tus prejuicios, tus proyecciones en el otro… Pero no ves realmente a la otra persona tal y como es.

Siempre ves el significado que tú mismo le das a todo.

La mente no corregida tiene el hábito de utilizar el pasado como referencia en el presente. Y así no puede ver nada que no haya visto antes; en realidad, no ve nada tal como es ahora. No ve el aquí ahora sino el allí entonces. La mente no corregida vive ausente del presente rodeada de fantasías del pasado sin ninguna conexión con el ahora.

La consecuencia es que la mente suele estar perturbada y no por los motivos que cree. Nunca nos alteramos por lo que creemos que nos altera sino por las creencias que mantenemos al respecto. Tus padres, tu pareja, tus hijos, tus vecinos, tus clientes y compañeros, tu jefe... no son nunca la causa de que te alteres, sino las percepciones que sobre todos ellos has inventado en tu mente. Una persona disgustada lo está, no por lo que ve, sino por cómo lo mira. Recuerda, cuando te alteres, que no lo estás por lo que crees estarlo. Entonces, ¿por qué...? Esta pregunta deberás responderla tú.

Siempre puedes elegir lo que percibes.

Investiguemos un poco más. El ego no ve a nadie tal como es ahora, los ve como cree que fueron en el pasado. Éste es el error que cometen las personas que no se han librado aún de sus ilusiones. Su perturbación se basa en la proyección

«Una mente separada o dividida no puede sino estar confundida. Tiene necesariamente que sentirse incierta acerca de lo que es. Tal como te percibes tienes todas las razones del mundo para sentirte atemorizado».

UCDM

al presente de experiencias inconclusas del pasado y en el temor a repetirlas en el futuro.

El ego vive atrapado en la hipótesis del tiempo lineal y en la superstición de la separación. Es víctima de la engañosa percepción de los sentidos. Da realidad al pasado y al futuro con los que fabricar culpa y temor, y así dar más credibilidad a su pesadilla.

Te ofrezco una pauta para la corrección: libera a tus semejantes de su pasado. Sus errores están en el pasado; y puesto que éste no existe, sus errores tampoco existen. No les mires, entonces, como si sus faltas estuvieran aquí en este instante. Míralos como si hubieran renacido en este momento, libres de su pasado y completamente inocentes.

Muchos libros de autoayuda pretenden ayudar al lector y acaban inflándole el ego. Lo que no explican es que con desear perdonar las ilusiones no basta, con afirmar pensamientos positivos tampoco y menos aún con tratar de que las cosas cambien con apenas unos pocos ajustes a nivel conductual. Este libro quiere dejar bien claro que o bien «te conviertes en otra persona» o las cosas seguirán como hasta la fecha. Este libro recupera el secreto perdido para la transformación personal: cambia tú y cambiará tu vida.

3

Un solo objetivo: paz mental

> «No existe mayor incentivo
> que tener como único objetivo
> el ideal de tener la mente en paz».
>
> GERALD G. JAMPOLSKY

En este capítulo, revisaremos la confusión que crean los múltiples objetivos que nos marcamos y que nos separan del único que deberíamos perseguir: paz mental. En realidad, hay un solo objetivo: ser felices, y para conseguirlo establecemos infinidad de metas que desvían nuestra atención y crean un gran caos de objetivos que hacen la paz y la felicidad imposibles. Nadie debería hacer nada que le suponga infelicidad.

Una sola meta: paz interior

Haz de la paz tu prioridad. Esto no significa que renuncies a nada, sólo es una invitación a que incluyas la paz en todo lo que elijas. Puedes ser, hacer y tener lo que quieras sin renunciar a experimentar paz interior.

¿Cómo lograrlo? Respondiendo a esta pregunta antes de tomar cualquier decisión: ¿lo elegido me conduce a la paz o al conflicto? O si te sientes perturbado por algo, pregúntate:

¿Puede esto modificar mi naturaleza divina? Sencillo, ¿verdad?, pues espera a leer lo que sigue.

Como una guía práctica debe proporcionar al lector principios que pueda aplicar, aquí van tres pautas:

Uno. La paz mental es mi máxima prioridad.

Dos. Cualquier objetivo ha de respetar mi máxima prioridad.

Tres. Consideraré todos mis objetivos y logros como una fantasía hermosa, de no hacerlo perdería la paz mental.

Corolario: la paz mental es mi objetivo principal, por detrás de éste están todos mis otros objetivos. No permitiré que ninguna de mis «necesidades» pase por encima de mi voluntad de vivir en perfecta paz.

Todos tenemos una lista de deseos incumplidos. Con el tiempo, lo que no hicimos en la vida pesa incluso más que lo que hicimos. La parte más estresante de la agenda es aquella en la que no se está trabajando. Cuando vives bajo un conflicto de objetivos, la mente manifestará ese conflicto. Olvidas que la paz es tu único objetivo, de modo que si no has entregado este momento a la paz lo has perdido.

Imagina una «vida ideal», no importa cuál sea su apariencia, para cada uno de nosotros tendrá un aspecto distinto. Tu vida ideal sólo debe cumplir un requisito: cualquier cosa que hayas puesto en ella debe cumplir inexcusablemente el deseo de tu alma: «paz interior». Revísala desde esta premisa: ¿hay algo que debas cambiar para mantener la perfecta paz? Recuerda que incluso un «pequeño conflicto» se extenderá y malogrará la totalidad. Sin rodeos: o estás en paz o no lo estás; y si dudas, es que no lo estás. La paz es muy obvia.

Sé, y tú también lo sabes, que las personas se entregan a una lista de metas bastante contradictoria porque a la vista está que no es frecuente la tan deseada paz. Incluso muchos de esos objetivos compiten entre sí en la mente, ahora convertida en un campo de batalla. ¿Cómo va a sosegarse?

Permítete experimentar la paz. En todo lo que hagas, elige sentirte en paz y no te equivocarás. Si te sientes en conflicto,

«Para tener paz, enseña paz para así aprender lo que es».

UCDM

es que tomaste una decisión errónea. Si no estás en paz es que has pensado en algo que no es real. Si sufres es porque no has pedido la paz y has olvidado que dispones de ella, no soñado con ella. Si no estás en paz es porque no has perdonado. Piensa en esto: no estás obligado a hacer nada que no te proporcione paz interior. ¿Te sorprende? Afirmar lo contrario es creer que el conflicto es inevitable. Y tu corazón sabe que la paz es posible. Así que, aun cuando te sientas «obligado» a tomar una decisión que te hace sentir mal, recuerda que tienes la opción de sentirte en paz.

Pon atención a mi voz –que te habla desde esta página– cuando te dice: la paz interior te permite responder impecablemente a cualquier acto carente de amor. Y a donde quería llegar: cuando enfocas tus respuestas al amor, la paz interior es inevitable.

Qué es un paradigma o patrón mental

Paradigma es la visión en que una persona, o civilización, percibe una realidad. En nuestras vidas manejamos infinidad de paradigmas en base a los cuales tomamos nuestras decisiones. Si bien se perciben como verdades indiscutibles, también es cierto que son escenarios mentales subjetivos. Una civilización avanza cuando sus paradigmas avanzan. Einstein lo captó y dijo: «Hemos de aprender un modo radicalmente distinto de pensar». Este libro es radical en sus planteamientos porque lo que más necesitamos es un profundo cambio.

Voy a darte un ejemplo: uno de los cambios de paradigma más espectaculares fue pasar de concebir la Tierra plana a redonda. Pasar de la primera concepción a la segunda supuso un gran paso para la humanidad. Otro ejemplo, en la India una vaca es un animal venerado, en otro país es materia prima para una hamburguesa. Un gesto puede considerarse

una señal de educación; y en otra cultura, una desconsideración y un insulto, etc.

¿Cuáles han sido los grandes pasos que has dado en tu mente?

Los paradigmas son esquemas mentales pero no son verdades definitivas, son sólo formas de relacionarse con el mundo. Como dijo R. L. Stevenson: «Nuestra noción más elaborada no es más que una impresión». Todo es percepción y cuando ésta cambia el mundo cambia.

A veces, se producen cambios en el entorno sin que los advirtamos y, entonces, nuestro comportamiento no se corresponde con las nuevas reglas. Manejamos paradigmas obso-

«Ello se debe a que, al cambiar de mentalidad, produce un cambio en el instrumento más poderoso que jamás se le haya dado para cambiar. Tienes que aprender a cambiar de mentalidad con respecto a tu mente».

UCDM

letos. O mantenemos formas de ver el mundo que no nos sirven y nos perjudican seriamente.

¿Estás dispuesto a cuestionar tus creencias?

Manejamos muchos patrones mentales en nuestras vidas y todos son un modo particular de percibir la realidad. He llegado a la conclusión de que las personas no tienen problemas con su realidad sino con los patrones mentales que manejan sobre la realidad. Un hecho puede ser interpretado de muy diferente modo por dos personas porque utilizan «mapas» de la realidad distintos. Cada una maneja su propio marco de referencia, éstos dependen no solamente de elecciones personales sino en mayor medida de aspectos culturales, religiosos, sociales…

Epitecto dijo: «Los hombres son frecuentemente agitados y asaltados, no por un mal efectivo, sino por las opiniones que ellos mismos se hacen de las cosas».

Percepción.

Bergson escribió: «No vemos las cosas mismas, nos limitamos a leer las etiquetas pegadas sobre ellas».

Otra vez percepción.

René Magritte pintó en uno de sus más famosos cuadros una pipa, con una leyenda: «Esto no es una pipa». No mentía. Es un lienzo con la imagen de una pipa. Siempre percepción.

Todos tenemos nuestros propios paradigmas y, según el marco de referencia que establecen, afrontamos nuestros problemas. El conflicto surge cuando personas –con paradigmas diferentes– afrontan una misma situación. Para solucionar sus contradicciones, a menudo, las personas las hacen enca-

jar manipulándolas a conveniencia. A eso se le llama «hacer que las cosas cuadren a martillazos».

Ya habrás descubierto que cuando los problemas llegan a un punto muerto es necesario abordarlos con otro tipo de percepción. Es preciso cuestionar la validez del viejo paradigma y preguntarse: ¿para quién esto no sería un problema? «Cuando los paradigmas cambian, el mundo cambia con ellos», dijo Khun. Y él entendía de esto: fue quien acuñó el término «paradigma».

El mapa no es el territorio o realidad, sólo la refleja.

En resumen, te liberarás para siempre de tus problemas si estás dispuesto a aceptar que para que un problema se trans-

> «Cuando percibes correctamente, cancelas tus percepciones falsas y las de los demás simultáneamente».
>
> **UCDM**

forme es necesario que antes se produzca un cambio en la mente que «lo ha creado».

Tal vez esto sea difícil de entender ahora, pero este libro no se lee para lograr entendimiento sino para lograr paz interior.

La visión correcta del amor

Existen dos formas de «ver»: desde una visión separada –del ego– o desde una visión espiritual –de la mente uno–. Por desgracia, la mayoría de personas sólo consideran la visión como un sentido físico, la de sus ojos, lo cual, incluso desde un punto de vista científico, es falso ya que lo que ve es el cerebro, no los ojos. Desde un punto de vista más profundo vamos a considerar que lo que ve es la mente, ni el cerebro ni los ojos.

Tu visión proviene o bien del amor o bien del temor. El «falso yo» ve desde el temor, el juicio, la condenación y el dolor.

El «verdadero yo», desde el amor, la aceptación y el perdón.

El amor y el temor usan «lentes» diferentes que conducen a visiones del mundo también diferentes. La verdadera visión no juzga, la visión errada condena. La visión correcta es aquella que está libre de interpretaciones y análisis. Ves cuando te desapegas de los caprichos del ego. Y no ves cuando le dices al mundo cómo tiene que ser. La verdadera visión es aquella que ve porque carece de prejuicios. Ver y juzgar son conceptos antagónicos. Si juzgas, no ves; pero si ves es porque has cesado de juzgar.

Te preguntarás, ¿cómo saber si contemplo el mundo desde la verdadera o desde la falsa visión? Es sencillo, si estás en paz, ves. Si estás en conflicto, no ves nada tal como es.

El amor es la única respuesta sin importar cuál es la pregunta, el problema, el miedo o la enfermedad. Sólo el amor existe y todo lo demás es una ilusión.

Aún no lo sabes pero, como resumen de este apartado concluiré que «vemos al revés», así nos han enseñado y así hemos aprendido. La visión correcta es una consecuencia de una elección interna, no de una visita al oculista. La cuestión es:

¿Desde dónde eliges ver: desde la mente separada o desde la mente Uno?

Mientras tu mente procesa esta elección, la siguiente pauta te ayudará a tomarla. La suspensión de todo juicio es la

«Una mente pura conoce la verdad y en eso radica su fuerza. No confunde la destrucción con la inocencia porque asocia la inocencia con la fuerza y no con la debilidad».

UCDM

condición para ver con claridad. La verdad no es una interpretación y antes de que emerja con claridad la mente tiene que aprender a ver. ¿Qué es necesario para que ese aprendizaje empiece? Un compromiso nada más: «elijo ver». Lo que implica que, por el momento, no se ve nada en absoluto. Por suerte, todos los sueños, está en su naturaleza, tarde o temprano se desvanecen.

Autómatas emocionales

Las emociones no son el efecto de las circunstancias, sino de un modo de pensar. Somos causa de todas nuestras reacciones, y no podemos deshacernos de esa responsabilidad y atribuírsela al mundo. Cuanto antes recuperes la propiedad de tus emociones antes dejarás de atribuirlas al comportamiento de los demás; y por tanto, antes dejarás de sufrir innecesariamente.

Insisto: nuestras emociones no son «por culpa» de los demás –nadie tiene semejante poder–, nadie te pone nervioso, nadie te hace enfadar, nadie te hace feliz, nadie te pone contento… para todo eso te tienes a ti. Tampoco las emociones aparecen espontáneamente de la nada, ni son inevitables. Las emociones son la «química del pensamiento», son la expresión corporal del pensamiento, son «compost mental». Es duro oírlo, pero es más duro ignorarlo.

Es hora de desmitificar la naturaleza de las emociones.

A diario vemos «autómatas emocionales» reaccionando entre sí, bajo el impulso de sus sobrealimentados egos. Un comportamiento de ira genera más negatividad. Un ataque engendra otro ataque. La incomprensión crece con la falta de entendimiento. La violencia en cada golpe se hace más brutal. Lo achacan a su modo de ser, a no poder evitarlo, y se limitan a buscar culpables. Esas personas no tienen emocio-

«El amor es inmutable. El miedo adopta muchas formas, ya que el contenido de las fantasías individuales difiere enormemente».

UCDM

nes, más bien «las emociones les tienen a ellas». Son víctimas de la glotonería de su ego. Parece que nadie gobierne sus propias emociones y parece que todos se limiten a reaccionar a las emociones de los demás.

Cuando reaccionamos negativamente no somos como nos gustaría ser, ni conducimos los problemas hacia una solución del agrado de todos, solamente creamos insatisfacción de forma indiscriminada. La negatividad cree en el reparto de la pérdida como una «retribución» aceptable para todos. Es un «folletín clásico» y todo un taquillazo en nuestros días, la función se llama: morir matando, la trama favorita del ego.

«El miedo y el amor son las únicas emociones que eres capaz de experimentar».

UCDM

En la Escuela de Almas los alumnos hallan el modo por el cual todos salen ganando. No hay un problema tan grande para el cual no podamos todos formar parte de la solución. Si alguien elige reaccionar con temor está eligiendo inconscientemente extender y compartir su miedo. Nada mejora, todo empeora. Si para ganar alguien debe perder, todos acabarán perdiendo.

Cada día decido entre felicidad e infelicidad

Permíteme ilustrar la siguiente idea fuerza con una metáfora. Circulamos por una vía de doble dirección, en unas ocasiones en un sentido, otras en el opuesto. En una dirección, nos sentimos felices y satisfechos; en la otra, infelices y desgraciados. Este libro te enseña a cambiar cómo te sientes cambiando la orientación de tus pensamientos.

Cuando estás triste olvidas que no estabas triste antes de «poner en tu mente» los pensamientos que te hacen sentir así. Cuando eras un bebé no te inquietabas. Pasabas tus días despreocupadamente. ¿No eres un niño? Lástima, espero que no seas uno de esos adultos que son niños malogrados.

Hay otro modo de percibir las cosas, aunque no lo conseguirás si antes no te comprometes a «ver diferente». Si deseas ver diferente estás reconociendo que hay otra manera de ver diferente a la que estás usando. A menudo, afirmas cómo «deben» ser las cosas antes que preguntarte cómo podrían ser. Es un síntoma de «visión incorrecta». Cuando abandones tus ideas preconcebidas y decidas ver de otra manera, verás. Antes de ese momento no verás pero creerás que sí.

Imagina escuchar mi voz mientras lees este mantra:

«Un milagro es un cambio en la percepción que te conduce a la paz». Visualiza cada palabra en un color diferente, agrégales una música relajante. Utiliza la técnica nemotécnica que desees pero, por favor, no lo olvides. Es la esencia de los principios incluidos en este libro.

Querer ver correctamente es la causa y ver correctamente es el efecto. Sin causas no hay efectos, ¿recuerdas? Es sencillo, ¿verdad?; y porque lo es, funciona. Verás correctamente cuando decidas ver el mundo libre de tus juicios. Es una decisión sencilla pero tan infrecuente que se llama «milagro», por rara aunque no por difícil. En este sentido, un cambio de la percepción ahorra el aprendizaje de miles de años en decenas de vidas. ¿Quién no desea ahorrarse tiempo y sufrimiento?

«Es más fácil que tu día transcurra felizmente si no permites que la infelicidad haga acto de presencia en primer lugar».

UCDM

Una vez más, la felicidad de la paz es una elección y para tomar esa decisión no es preciso que ocurra nada ahí afuera. Tu mente inconsciente atraerá todas las pruebas y la información adicional que precises para comprobarlo por ti mismo.

Pon atención en esto y concéntrate en el significado de cada palabra mientras lees en silencio:

- El ego hace planes, el alma tiene un Plan.
- El ego planea hacerte feliz pero no tiene ni idea de lo que significa la felicidad.
- El ego dice defenderte pero siempre está atacando.
- El ego no sabe nada pero cree saberlo todo.

¿Entiendes ahora por qué no puede ofrecerte la paz? Cada uno de nosotros conoce, por obvios, sus motivos para sentirse feliz, sólo tiene que dejar de ignorarlos. Si alguien dice que los ignora: o bien no quiere sumir la responsabilidad de hacerse feliz o bien es su excusa para poder seguir lamentándose por no serlo. No puedo ser más claro.

«El corazón feliz y en paz ve una fiesta en todas las aldeas del viaje»; para mí, este antiguo proverbio hindú lo expresa perfectamente. No somos seres tristes, sin embargo, y en algún momento, hemos aprendido a serlo. En la Escuela de Almas aprenderás a desaprender las enseñanzas confusas de un mundo confuso.

Puedes discutir internamente todo lo que gustes con esta idea, pero pronto percibirás que en la discusión ya has perdido la felicidad de este momento.

De estas líneas, lo que sigue es lo que recordarás: la felicidad es una elección; el sufrimiento, otra. Puede parecer una afirmación muy dura pero este libro no se ha escrito para

«Te estoy enseñando a que asocies la infelicidad con el ego y la felicidad con el espíritu. Tú te has enseñado a ti mismo lo contrario».

UCDM

consolar al ego y alimentar su instinto de víctima, este libro se ha escrito para despertar conciencias.

Puedes empezar por cambiar todos los pensamientos que te alejan de la felicidad. Y proseguir dejando de buscar la felicidad –el efecto–, y buscar todas tus pesadillas de dolor –las causas– que te alejan de ella.

En resumen, puedes sentirte tan feliz o tan infeliz como decidas. Es una decisión y una decisión siempre puede cambiarse. Como en todo y siempre, está en tus manos. Sé que esto puede sonar a música de violines –sin mucho que ver con la realidad de este mundo–, pero te aseguro que nunca he hablado en un sentido más literal.

«La paz mental es claramente una cuestión interna. Tiene que empezar con tus propios pensamientos y luego extenderse hacia fuera».

UCDM

La falsa felicidad

Muchos libros explican cómo son o deberían ser las cosas pero se olvidan de recordar al lector quién es. Sin saber quién eres, en realidad, no habrá ningún libro que te ayude. Así que éste es un buen momento para recordarlo: somos seres espirituales en medio de una experiencia material, somos seres infinitos en medio de una experiencia temporal.

Cuando recuerdas tu naturaleza, dejas de sufrir. Sigamos avanzando. Ocurre algo agradable y enseguida lo vinculas con la felicidad, a continuación sucede algo que te desagrada y lo vinculas con la infelicidad. Como tu percepción es inestable sus efectos también lo son. Recuerda el poder de la ley de la causa y el efecto. La «falsa felicidad» es cambiante porque sus causas son inestables. Parece elusiva y lo es, pues es una fantasía basada en lo cambiante. La «falsa felicidad» va siempre unos pasos por delante, de modo que resulta arduo alcanzarla. En el mejor de los casos, sólo es posible acariciarla durante ráfagas momentáneas. Desde esta percepción, la felicidad no tarda en colapsar.

No declares la felicidad como algo elusivo, entiende que tus estados mentales son en verdad elusivos. Todo lo que pidas está concedido de antemano y si no lo tienes es porque de alguna manera has dejado de creer en ello y, por tanto, de pedirlo. Pide paz interior y ésta te concederá lo que más necesitas.

Las personas felices piensan de una forma distinta de las que no lo son, no sólo un poco sino mucho. Para ellas, la felicidad es una actitud interior; para ellas, las dificultades nunca superan la dicha de vivir; para ellas, la felicidad es una elección que toman a cada momento. Permítete profundizar en estos conceptos, pues podría parecer que la felicidad no es una elección interna porque muchos aún creen que es una

consecuencia de hechos felices. Pero, si deseas la felicidad y no la tienes, se debe a que no has activado sus causas. Puedes discutir internamente todo lo que gustes con esta idea, pero pronto percibirás que en la discusión ya has perdido la felicidad de este momento.

De estas líneas, lo que sigue es lo que recordarás: la felicidad es una elección; el sufrimiento, otra. Puede parecer una afirmación muy dura pero este libro no se ha escrito para consolar al ego y alimentar su instinto de víctima, este libro se ha escrito para despertar conciencias.

Puedes empezar por cambiar todos los pensamientos que te alejan de la felicidad, y proseguir dejando de buscar la feli-

«Cuando te sientas abrumado, recuerda que te has hecho daño a ti mismo. Si no te hicieras daño a ti mismo no podrías sufrir en absoluto».

UCDM

cidad –el efecto–, y buscar todas tus pesadillas de dolor –las causas– que te alejan de ella.

En resumen, puedes sentirte tan feliz o tan infeliz como decidas. Es una decisión y una decisión siempre puede cambiarse. Como en todo y siempre, está en tus manos. Sé que esto puede sonar a música de violines –sin mucho que ver con la realidad de este mundo–, pero te aseguro que nunca he hablado en un sentido más literal.

¡Ahora elijo la felicidad!

> «Nadie puede sufrir a menos que considere que ha sido atacado y que ha perdido como resultado de ello».
>
> **UCDM**

Aunque tu mente reaccione a esta afirmación con incredulidad, te aseguro que las personas viven tan felizmente como se permiten a sí mismas. Entonces, ¿cómo tan pocas personas eligen serlo cuando todas parecen desearlo? Tal vez:

- No saben que pueden ser felices.
- Asocian la felicidad a algo externo a sí mismas, la buscan donde no está.

Insisto, la felicidad es una elección que tiene que ver con actitudes y no con circunstancias. Ahora que empiezas a digerirlo, te diré que lo compruebo a diario al tratar con personas que se niegan la felicidad. Este libro enseña que la infelicidad se corresponde con las pesadillas de la mente errada y la felicidad con los sueños felices de la mente corregida.

Aclarémoslo. La felicidad consiste en valorar y apreciar lo que somos, hacemos y tenemos. La felicidad es una decisión basada en la gratitud. Pero no depende de lo que deseamos conseguir –eso tiene que ver con el éxito–. Son cosas distintas. Piénsalo. Estoy seguro de que comprendes que la felicidad es fruto de un estado mental de gratitud, al margen de

los vaivenes de la vida. Pero no estoy seguro de que lo aceptes, por el momento. Como te dije, no espero que abraces en una primera lectura todas las propuestas de este libro.

Como sé que los principios que contiene son revolucionarios respecto al sistema de pensamiento tradicional, entiendo que te tomes tu tiempo. Algunos creen que para sentir felicidad es preciso que cuanto ocurre se adapte a sus guiones preestablecidos. Pero no es necesario que la gente y las cosas sean de tal o cual modo para poder ser felices. ¿Por qué involucrar a tanta gente para ser feliz? Qué liberador resulta comprender que podemos ser felices sin la necesidad de cambiar el mundo y su gente.

Unas veces podremos cambiar el mundo: mejorémoslo. Otras veces no: aceptémoslo.

«La elección no es entre qué sueños conservar, sino sólo si quieres vivir en sueños o despertar de ellos. De ahí que el milagro no excluya algunos sueños. No puedes quedarte con algunos sueños y despertar de otros, pues o bien estás dormido o bien despierto».

UCDM

Pero siempre podremos cambiar nuestra mente. En realidad, es lo único que podemos cambiar.

El logro material, ya lo sabes, no tiene el poder de hacernos felices. Tal vez nos compense por no serlo, pero eso es todo lo que puede hacer por nosotros. Buscar placer es ir a una y otra fuente para tratar de saciar la sed de felicidad. Vale la pena ser personas felices aunque sólo sea para ¡no necesitar compensaciones! La excéntrica idea de que para ser feliz antes hay que «tener» viola la ley de la manifestación: ser, hacer, tener. Siempre en este mismo orden.

Si quieres ser «feliz» una hora, sal de compras. Si quieres ser «feliz» dos semanas, ve de vacaciones. Si quieres ser «feliz» un mes, cambia de coche. Pero si quieres ser feliz para siempre, conquista tu mente. ¿Cómo? Conozco una regla muy sencilla de recordar: no fundamentes tu felicidad en una cosa que pueda ser de otro. El corazón no posee nada que no sea suyo para siempre.

La felicidad no tiene nada que ver con lo que ocurre en el mundo exterior.

Nada, salvo tu pensamiento sereno, puede proporcionarte paz interior. En cualquier situación, por compleja que sea, puedes elegir participar en ella desde la paz interior. Para sentir paz no es necesario que el mundo esté en paz pero sí que tu mente lo esté. Una vez tu mente esté en paz, tu mundo se contagiará y lo estará también. Es la aplicación práctica del paradigma: «como es adentro es afuera».

De mil y una maneras nos privamos de la felicidad, cuando experimentarla debería ser nuestro único deber. «No hay deber que descuidemos tanto como el deber de ser felices», dijo R. Stevenson. El Dalai Lama afirma que «nuestro único cometido en la Tierra es ser felices», y yo le creo.

Hay dos preguntas que deberás responder: ¿has traído dicha a este mundo?, y ¿has sido dichoso? En culturas distintas a la occidental resulta mucho más sencillo encontrar gente feliz. Esto debería hacernos reflexionar. Me temo que Occidente, ¿el primer mundo?, está siendo asolado por «una ola de pobreza espiritual».

Hambruna del alma.

«¿Preferirías tener razón a ser feliz? Alégrate de que se te diga dónde reside la felicidad, y no la sigas buscando por más tiempo en ningún otro lugar, pues buscarás en vano».

UCDM

4

Una única elección: amor o temor

> «Sólo existen dos emociones: amor y temor. El amor es nuestra verdadera identidad y el temor es ilusorio».
>
> GERALD G. JAMPOLSKY

En este capítulo, vamos a descubrir la simplicidad en la toma de elecciones y decisiones. Creemos tomar muchas decisiones diferentes en la vida, unas más difíciles que otras, pero en realidad todas las decisiones se reducen a una sola: amor o temor, paz o conflicto, realidad o ilusiones… Antes de tomar cualquier decisión, por pequeña que sea, sólo hay que preguntarse antes si aporta más paz o más conflicto.

Una única elección: amor o temor

¿Qué es el amor?

Tenemos muchas respuestas a esa pregunta y con probabilidad todas ellas son ciertas, porque el amor lo es absolutamente todo.

Sólo el amor es real. Sólo el amor existe.

No se trata de una frase poética e ingeniosa, es una declaración rigurosa. Amor es, sin duda, la palabra más importante de la enciclopedia universal tal vez por eso empieza por «A». No sé de ninguna de sus expresiones que mejore a otra; en el fondo son una misma experiencia con distinta apariencia. En los próximos minutos identificarás algunas de ellas.

La palabra «amor» puede sonar en exceso romántica. Como sé que puede sonar ambigua, permíteme ofrecerte algunos casos prácticos de amor en acción: paciencia, confianza, amabilidad, pasión desapegada, suavidad, comprensión, fe, respeto, entrega, generosidad… Para mí, el amor es la energía más inteligente y creativa del universo sin importar el modo en que se exprese. Su apariencia puede cambiar pero no su esencia.

Tu primera tarea consiste en identificar y eliminar las resistencias al amor y las obstrucciones que levantaste entorno a él. Deshacer las resistencias que impiden experimentar el amor es la gran tarea. No busques el amor, busca mejor las barreras que antepusiste al amor, desármalas y entonces el amor te encontrará a ti porque siempre estuvo aguardando esa decisión.

La resistencia es un síntoma de la presión del ego que lucha con lo que es al compararlo con lo que debería ser. Ninguna

> «El amor perfecto expulsa el miedo. Si hay miedo, es que no hay amor perfecto.
> Más: sólo el amor perfecto existe. Si hay miedo, éste produce un estado que no existe».
>
> **UCDM**

situación puede concluirse con resistencia. El modo más rápido para atravesar una situación, y dejarla atrás tal vez para siempre, es con la «no resistencia» o aceptación. La «no resistencia» consiste en dejar que suceda lo que ha de suceder cuando no puedes evitar que suceda. Tu lección consiste en comprender que lo que ocurre es por una razón y tu trabajo es encontrarla para hacer que deje de suceder, hacer que no vuelva a suceder o hacer que suceda de nuevo.

La aceptación implica un grado tal de valentía que el ego no puede comprender por desconocerlo.

He aquí algo que enseño en el seminario que desarrolla el material de este libro: lo que va a medir el crecimiento interior de cada persona es su capacidad de añadir amor a cada

«Cada vez que tienes miedo es porque has tomado una decisión equivocada. Deshacer el miedo es tu responsabilidad».

UCDM

situación, como único modo de añadir valor a su vida y al mundo. Examina las horas de esta jornada y si en este momento no expresaste la alegría de estar vivo es porque en algún momento dejaste de pensar con amor. Reconócelo.

El amor es la respuesta a todas mis preguntas

Déjame contarte un secreto a voces: no llevaremos a la eternidad nuestro reloj de pulsera, el saldo de la cuenta bancaria, nuestro automóvil, o la colección de sabe quién qué… entiende que sólo podemos llevarnos de este mundo nuestra capacidad para amar.

Imagina que el saldo de tu «cuenta corriente espiritual» está constituido por «depósitos» de amor. ¿Cuánto ingresaste hoy, cuál es el saldo? Hacer inventario de la capacidad de amar es un hábito sano. Si hoy hicieras balance, ¿de cuánta dispondrías?

Para digerir esta información déjame hacer un símil. Tiene que ver con la respiración: si no sueltas lo que tomas, respirar no sirve de nada. ¿Está claro, verdad? Da aquello que quieres recibir. Lo que das siempre es en tu beneficio. Si deseas amor, ofrece amor. Si deseas paz, ofrece paz. Si deseas comprensión, ofrece comprensión. Si deseas una sonrisa, ofrece una sonrisa. Esto parece transgredir las leyes de la aritmética, pero ya te habrás dado cuenta de que las cosas importantes de la vida no pueden traducirse al lenguaje de los números. Una vez más, aprenderás lo que enseñes y recibirás lo que ofrezcas.

Enseña amor para aprenderlo. Entrega amor para recibirlo.

Ésta es la aritmética del amor: tu parte aumenta cuando más das. Permíteme ilustrarlo con las palabras de un sabio. Hace más de dos mil años, en el Tao Te King, escribió Lao-Tsé:

> «Reconoce en primer lugar que lo que estás experimentando es miedo. El miedo procede de una falta de amor. El único remedio para la falta de amor es el amor perfecto».
>
> **UCDM**

«Cuanto más deja para los demás, más le queda. Cuanto más da a los demás, más tiene». Todo lo cual nos conduce a la «ley del amor», veámosla.

La ley del amor

La ley del amor establece: «Cuanto más das, más recibes». Esto parece contradecir la lógica de la aritmética convencional. Y lo hace. La «aritmética» del amor se basa en reglas muy distintas: «Cuanto más amor das, más amor recibirás».

La ley del amor sólo es válida con lo real, no con lo ilusorio. La aritmética convencional dice que siempre que restes

> «El amor es la única respuesta. Nunca te olvides de esto, y nunca te permitas creer, ni por un solo instante, que existe otra respuesta».
>
> **UCDM**

te quedas con menos. Por ejemplo, al ofrecer bombones, tu caja se vacía. Has aprendido que es tomando como recibes. Y ahora vas a aprender que con el amor es justo al revés. Este libro desea proporcionarte una visión completamente diferente a la que has utilizado hasta la fecha y que, dicho sea de paso, no te condujo a la paz.

«Menos, es menos». Está operando la ley de la aritmética.

Pero con el amor la ley que rige es: «Al dar amor, éste vuelve multiplicado». No es tomando, sino dando como podrás recibir. Por ejemplo, al expresar tu amor creas las condiciones para recibirlo. Compruebas que ofrecer amor no cuesta nada, pero recibirlo no tiene precio. ¿No es extraordinario que algo tan barato posea tanto valor?

«Menos, es más». Está operando la ley del amor. Las palabras de san Agustín lo resumen brillantemente: «Ama y haz lo que quieras». Cada persona y cada situación son una oportunidad para poner a prueba tu capacidad para amar. Ellos son tu «práctica espiritual» pero tu trabajo eres tú. Nadie debería olvidar que desarrollar su capacidad para amar es su única tarea. Habría más gente feliz en el mundo y vivir sería más sencillo.

Ser amado es una experiencia maravillosa, amar lo es aún más.

Algunas personas se preguntan cómo pueden amar después de que el amor se haya ido. Lo que deberían preguntarse es cómo pueden esperar que el amor permanezca sin invitarle a quedarse. Esperar que el amor bendiga tu vida, de forma pasiva, sin amar, es una extraña estrategia. Algunos dicen: «Amaré cuando sea amado», pero nadie ama a quien espera ser amado. Un alumno aventajado de la escuela dice: «Cuando amo, soy amado».

«Tu tarea no es ir en busca del amor, sino simplemente buscar y encontrar todas las barreras dentro de ti que has levantado contra él. No es necesario que busques la verdad, pero sí que busques todo lo que es falso».

UCDM

Tu capacidad de amar dispone en cada encuentro de una gran oportunidad para ejercitarse en el amor incondicional. Sin embargo, existe el falso convencimiento de que para experimentar amor hay que obtenerlo de alguien. Lo lastimoso de esta pobre estrategia es que pocos se animan a dar el primer paso.

«No puedes amar sólo a algunas partes de la realidad y al mismo tiempo entender el significado del amor».

UCDM

Lo primero es amar, lo segundo ser amado

El amor aguarda tu decisión de unirte a él para extenderse. No es teoría, no es utopía. Es una elección que nos conduce a dos grandes verdades:

Una: poseemos una ilimitada capacidad para amar.

Dos: el milagro del amor consiste en amar y no en ser amado.

Tras esto, date cuenta de que vinimos al mundo con una infinita capacidad para amar porque el amor es la materia prima de la que estamos hechos. En esta Escuela de Almas encontrarás personas que se han olvidado de su propia identidad espiritual pues no recuerdan que sólo el amor existe y es real. Y su tarea es despertar y emprender su camino de vuelta al amor.

Llaman amor a lo que no lo es

Casi puedo escuchar tu pensamiento como consecuencia del impacto de este título. Quizás ya lo sabes, pero la clase de amor que se representa en la mayoría de películas, canciones y novelas es egótico; y hasta cierto punto, patológico. Nos venden una locura bajo la etiqueta de «amor» y lo peor es que compramos cualquier sucedáneo. En el triste tiovivo de las relaciones, todo el mundo habla del amor pero muy pocos conocen su significado. Casi puedo escuchar música de circo y ver a un payaso llorar. Así van las relaciones. No es de extrañar que las relaciones sean tan disfuncionales con semejantes referencias como patrones.

Pero ¿cuándo es amor, cuándo necesidad?

Una relación enfocada en poseer a la pareja no puede progresar hacia el amor, sino hacia la adicción. Por otro lado, si para sostener una relación debes ser poco auténtico, te pierdes a ti y malinterpretas el fin de una relación. Muchas relaciones mejorarían si las personas implicadas se quisieran menos pero se amaran mejor. Amar tiene un significado, querer tiene otro.

«Querer hasta la locura» es una cosa y amar incondicionalmente otra muy distinta. El ego llama a estar enamorado «amor», este taller llama al «amor romántico» trastorno egótico transitorio. Cuando el ego toma posesión de una rela-

ción, el amor desaparece y en su ausencia el temor toma el control.

El ego confunde: estar enamorado, sentir celos, querer con locura, necesitar… con el amor. El «amor romántico» es un trastorno inverso del ego pues se pasa de adorar al propio ego a adorar otro ego, el del ser amado. Los amores delirantes, en especial el romanticismo que idealiza e idolatra al ser querido, son sobreactuaciones de un ego patológico. Lo cierto es que lo que con frecuencia llamamos amor no lo es, pero conduce al alma a una de sus noches más oscuras y es su fuente de dolor.

Una vez más, la mente separada esconde la realidad y no nos deja ver que no son los demás y su trato lo que nos convierte en víctimas, sino el modo como planteamos las relaciones.

«La relación de amor especial es un intento de llevar amor a la separación. Y como tal, no es más que un intento de llevar amor al miedo y de hacer que sea real en él».

UCDM

Una persona se siente víctima de sus relaciones porque antes lo es de sus pensamientos y de sus patrones sobre las relaciones; y hasta que no cambie todo eso sufrirá. Su solución no está en cambiar de pareja, sino en cambiar sus patrones mentales sobre el significado que da a las relaciones de pareja.

Cuando comprendemos que creamos relaciones desastrosas también entendemos que podemos crear relaciones bendecidas.

Parece haber muchas clases de amor: fraternal, devoto, leal, amistoso, pasional, maternal, romántico, incondicional… pero sólo hay una clase de amor: el amor de verdad que no hace excepciones o cree en méritos de ninguna clase, Amor con mayúsculas. El amor no tiene grados –poco o mucho, más o menos, peor o mejor–. Si te quedaras con una única idea de esta lectura te propongo ésta: «El amor es la ausencia total de temor».

Lo que a menudo se llama amor es egoísmo disfrazado. Veamos bajo qué leyes opera la filosofía del ego, el «egoísmo»:

«La 1.ª ley del egoísmo» dice: «Lo que se da, deja de pertenecernos y nunca más volverá». Se basa en la idea de que para que alguien gane, alguien debe perder. En este tipo de relación, las personas buscan en los demás la solución a sus carencias. Pero eso no es amor, es una estafa.

«La 2.ª ley del egoísmo» propone: «Trata de obtener mucho a cambio de poco o nada en absoluto». Pero, como sabes, lo que se da es exactamente lo que vendrá de vuelta, siendo del todo imposible obtener nada distinto. La ley de la atracción, conocida por la ley del bumerán, actúa siempre con impecable eficacia.

Ahora estás listo para oír el secreto de los secretos. Las relaciones parecen complicadas y no lo son. No son nada complicadas, de hecho, son sencillas, muy sencillas. Nosotros somos complicados y nuestras mentalidades son complejas y confusas. Y todas nuestras creaciones reflejan ese estado interno de confusión y complejidad.

¿Qué es el temor?

El temor no es real, de modo que no puede ofrecerte nada real. Utiliza muchos disfraces, lo reconocerás debajo de alguno de los eufemismos a los que se recurre para evitar la palabra «miedo»: tristeza, ansiedad, rencor, duda, celos, ira, inquietud, depresión, pánico, fobias, agresividad, impaciencia, desconfianza… La lista es larga pero la emoción es la misma.

«El temor es la ausencia absoluta de amor».

UCDM

Nadie que sepa quién es en realidad puede sentir miedo. El temor es la negación del amor. No pueden coexistir, igual que el aceite y el vinagre no se mezclan. El corazón no puede albergar amor y temor al mismo tiempo, son excluyentes. Cuando no sientes amor, sientes temor. No hay excepciones a esta sencilla regla.

No es de extrañar que muchos sientan temor al interpretar el mundo tal como lo hacen. Finalmente, has atraído hasta tus manos un libro que te enseñará a renunciar al significado que hasta hoy le has dado al mundo. Una percepción que no extiende amor es errónea. No se puede amar cuando se da crédito a un mundo de separación. Pero el miedo sólo es la diferencia entre quien crees ser y quien eres de verdad. Si las personas supieran quiénes son en realidad, desaparecería el temor en el planeta y con él todos los conflictos. Un conflicto, ya sea personal o entre naciones, se basa en neurosis alimentadas por el miedo. El origen de toda guerra es el miedo.

Cuando sientas perturbación pregúntate: ¿qué no estoy expresando con amor?, ¿cuándo no antepuse el amor a cualquier otra emoción? Prueba a repetir tres veces esta afirmación:

«No hay nada que temer». Hace milagros.

Piénsalo. No somos nuestros miedos, los aprendimos de quienes nos los enseñaron. Ellos no eran capaces de mostrarnos cómo corregir algo que no sabían que podía ser corregido. Nunca aprendieron y así heredamos sus temores para añadirlos a los propios.

Podemos crear un mundo sin miedo, porque el temor es una elección. Recuerda que nunca hay nada que temer.

Mañana cuando te levantes recordarás de modo espontáneo que solamente el amor es real. Y que el miedo, al ser una ilu-

sión temporal, es una falsa creación. Como el ego no es real, cualquier cosa que él haya creado tampoco lo es. En este sentido, el miedo no existe aunque sus efectos pueden ser muy reales. En el mundo no existe nada parecido al miedo, el autor del miedo es la mente temerosa, no el mundo.

¿Amor o temor?

Aunque parezca una simplicidad, la única elección que a cada momento resuelves es ésta: amor o temor. Cualquier emoción que sientas, en última instancia, se reduce a una de ellas. Tu única elección está en decidir cómo vas a vivir este momento:

- Con amor o con temor.
- En paz o en conflicto.
- Desde la verdad o desde la ilusión.

«Cuando tienes miedo, te has colocado a ti mismo en una posición en la que has actuado sin amor, al haber elegido sin amor».

UCDM

Ésta es la clase de decisión que puede corregir todas tus percepciones sobre el mundo:

Amor o temor. Qué simplificación tan liberadora, pues ahora ya no parece que deba tomar mil y una decisiones, siempre es una y es la misma. El amor es real, el temor es irreal. Puede que hasta ahora hayas decidido erróneamente, pero por la misma razón en cada momento puedes volver a elegir de nuevo qué clase de día deseas vivir hoy. Una vez lo comprendes, todo se reduce a lo siguiente: donde hay amor no puede haber temor, donde hay temor no puede haber amor. Cuando el temor desaparece, el amor aparece. Son excluyentes, o bien eliges la cordura o bien la locura.

Ya has visto cómo el amor se manifiesta de múltiples maneras: paciencia, comprensión, confianza, abundancia, generosidad, inocencia, compasión, entusiasmo, alegría, etc. Y también cómo el temor se expresa de variadas formas: impaciencia, cólera, odio, violencia, rencor, desconfianza, escasez, codicia, culpa, juicio, crítica, preocupación, desesperación, tristeza, etc.

Lo opuesto al amor es el temor, y no el odio. El odio es una de las manifestaciones del miedo. Sólo una persona muy asustada proyectaría su dolor sobre otra con violencia. Uno de los paradigmas principales de este taller es considerar al agresor como una «víctima» de su miedo; y su ataque, una súplica de amor –y ayuda– encubierta.

Quizás ya te hayas dado cuenta de lo poderoso que es el perdón incondicional. El perdón es la elección del amor en lugar del temor. Por medio del amor empiezan a suceder una serie de milagros gracias a los cuales cualquier experiencia cambia en profundidad. El amor es real, tan real como la inteligencia que crea mundos. El temor es una fabricación de la mente temerosa, no existe en la realidad salvo como una fantasía del ego.

Una mente temerosa percibe lo temible allí donde mira. Una mente en conflicto ve el conflicto en todas partes.

Una mente dormida vive su sueño en un mundo de fantasía.

Una mente separada cree en el ataque.

El miedo ha demostrado no ser capaz de protegerte sino de exponerte a más sufrimiento. Intuyes que cualquier sistema de protección basado en el miedo fracasará y, de hecho, lo hace porque saca provecho del dolor.

Cualquier sistema de defensa es un ataque encubierto. Puede parecer justificada pero es una reacción tan violenta como el ataque. Tanto ataque como defensa emanan del temor. Quien ataca cree que debe defender algo y quien se

> «Sólo el amor perfecto existe. Si hay miedo, éste produce un estado que no existe».
>
> **UCDM**

defiende cree que puede ser atacado. Las personas que desconocen quiénes son en realidad necesitan o bien atacar o bien defenderse pues creen en su vulnerabilidad.

Defensa y ataque son consecuencia del estado mental del miedo y ninguna conduce a la ansiada paz interior. Envía un mensaje desde tu mente a tu cuerpo emocional: «No hay nada que temer bajo ninguna circunstancia». Si aún sientes miedo, vuelve a elegir y esta vez descarta la decisión equivocada que te condujo al temor. De otro modo, nada ni nadie podrán librarte de tu miedo. No luches con tus miedos o te vencerán. Tratar de controlarlos no es deshacerlos, es avivarlos. Mejor deja de crearlos, mejor empieza a deshacerlos.

Un mundo sin miedo

¿Puedes imaginarlo? ¿Puedes incluso imaginar cómo sería tu vida sin tus temores? Qué sencillo sería vivir de ese modo.

Lo que voy a afirmar ahora no es una hipótesis, es una certeza: un mundo sin miedo es posible. Pero no podrás experimentar un mundo sin miedo si antes no has disuelto tus miedos. No esperes a que el mundo esté en paz para estar tú en paz. Lo único que se interpone entre tú y la paz son tus miedos. Cuando la última persona temerosa del planeta deje de creer en el miedo éste ya no existirá.

No seas un maestro del miedo, no compartas tu temor y así no le darás realidad. Si te atribuyes faltas o culpas, te verás en la necesidad de buscar en los demás tantas faltas como crees ver en ti, si no más. No podrás experimentar un mundo sin culpa si antes no has declarado inocente al resto de la creación. En caso contrario, crearás dolor, lo proyectarás, y cuando lo veas proyectado, sentirás miedo de tu propia creación.

Ama y extiende el amor.

La madre Teresa de Calcuta dijo: «Yo veo a Dios en cada ser humano». No dijo en unos sí y en otros no, sino en todos. «Reconozco a Dios en cada persona» es una buena afirmación con la que practicar. Y durante la jornada, bendecir mentalmente a cada persona, incluso aquellas que parecen no ser dignas de ser amadas.

Envuelve en el amor todos tus pensamientos, ofrece amor a todas las personas con quien te cruces. Envía amor a los que más temor despiertan en ti, incluso a quienes «no puedes amar». No importa lo que parezca que otros estén haciendo ni lo que parezca estar sucediendo, ama a través del perdón. Y, si de verdad estás decidido a disolver tu temor, jamás vuelvas a poner tu fe en pesadillas de ninguna clase.

Todo lo anterior no es una utopía, ni una idea piadosa, es una solución radical y definitiva al sufrimiento.

«El amor aflorará de inmediato en cualquier mente que de verdad lo desee, pero tiene que desearlo de verdad».

UCDM

5

El ego: el origen de todo sufrimiento

«Una manera útil de considerar al ego es definirlo como el "yo" que nos hemos inventado».

GERALD G. JAMPOLSKY

En este capítulo, vamos a entender la diferencia entre el yo real y el yo inventado, el yo esencial y el yo construido. Todos tenemos un ego que interactúa con otros egos. Al confundirnos a nosotros mismos con esa imagen y confundir a los demás también, olvidamos nuestra verdadera identidad de amor y perfección, y de ahí todos los conflictos y guerras que sufre la humanidad desde el principio de los tiempos.

El autoconcepto o el falso yo

Para definirnos solemos recurrir a referencias externas convencionales. Como un puzle, reúne muchas piezas: nombre, cuerpo, trabajo, edad, sexo, estatus económico, educación, gustos, habilidades, recuerdos, historia familiar, creencias, cualidades y defectos, señas colectivas, religión, posesiones materiales, logros y fracasos… las ilusiones con las que cada uno se identifica. Desde luego, tú no eres tu trabajo, una edad, ni un nombre, ni siquiera eres tus aciertos o tus errores, no eres tus miedos, ni tus preocupaciones, no eres tu pasado, no eres tus comportamientos…

«Todo el mundo inventa un ego o un yo para sí mismo, el cual está sujeto a enormes variaciones. También inventa un ego para cada persona a la que percibe, el cual es igualmente variable».

UCDM

El ego es la autoimagen que fabrica cada persona de sí misma, no tal como fue creada sino cómo trató de crearse a sí misma. El ego es el símbolo de lo que cada uno cree ser.

El ego es el sistema de pensamiento del temor en la mente dividida y simboliza la separación de Dios. Esta separación la extiende a todo, en especial respecto a los cuerpos, las mentes y los corazones de los demás.

El ego se hace, no nace. Se «fabrica» desde la infancia en un proceso que se alarga toda la vida. Como es gradual, nadie es consciente de la ruina espiritual que la intensificación del ego conlleva. Muy al contrario, parece autoafirmación. Con los años, va perfilando –«mejorando»– la autoimagen de quien cree ser y olvida su identidad espiritual.

El ego es la mente no observada y, por tanto, inconsciente.

El ego elabora los «discursos mentales» más inauditos. Hace creíble lo increíble, real lo irreal. Prueba con una u otra estrategia y elige el temor y el dolor como combustible. Éste es el juego del ego.

El ego es una creación demente que se ha deslizado en el mundo.

Una vez se ha «creado» a sí mismo, o mejor dicho ha «fabricado» un autoconcepto, el ego observa el ego de los demás y compara. Se afirma proyectándose en otros egos; y unos y otros se hacen «reales» mutuamente.

Elaborar un autoconcepto es un error que descansa en otro error primordial, el de creer que es a ti a quien corresponde decidir qué o quién eres. El ego, al tratar de crearse a sí mismo, trata de usurpar la obra del amor con un pobre sucedáneo. Como el ego o la «mente separada» no sabe quién es en realidad, cae en la tentación de inventarse. Y en la ilusión de enmendar lo que fue creado perfecto empiezan todos sus

> «Su percepción de otros egos como entes reales no es más que un intento de convencerse a sí mismo de que él es real».
>
> **UCDM**

males. Así el ego trata de suplir sus supuestas carencias y se inventa a sí mismo. Crea una «telenovela mental» con sus pequeños o grandes dramas.

Todo el mundo fabrica un ego –un yo conceptual– porque todo el mundo parece haber olvidado quién es en realidad. Algunas personas después de leer varios libros de la Nueva Era –cuyo contenido no aplican– crean un «ego espiritual». Y evalúan a los demás como «más o menos avanzados espiritualmente». Como creen en la separación, llevan la separación al ámbito del alma, y así su alma es su posesión espiritual más preciada. Después se apegan a algunas creencias y discuten si alguien las cuestiona. El ego es el mismo sólo que ahora lleva túnica blanca, un disfraz.

Deshacer esta fantasía no es tarea sencilla porque es una neurosis considerada cordura. ¿Qué loco cree que necesita curar su locura? Este taller tiene el propósito de conducir a las personas a liberarse de la «telenovela mental» en la que se encuentran atrapadas.

Recuerda que fuiste creado por la perfección y tu valor es infinito. Desde esta certeza no te entregues al temor. No hay mayor verdad que el amor, no creas en las amenazas de dolor del ego con las que refuerza su autoridad. La mayor tarea a la que se enfrenta todo ser humano es el deshacimiento del ego.

La autoestima, la última fantasía del ego

Existen muchos libros sobre cómo construir una buena autoestima. Hay especialistas en el tema, organizan talleres aquí y allá e insisten en la necesidad de construir una autoestima adecuada. Han convertido el síntoma en enfermedad y se aplican a diseñar «remedios». Creo que estas personas confunden más que ayudan. Un ego exacerbado debate sobre su autoestima pero un ser consciente sabe quién es, conoce

> «El ego surgió como resultado de la separación, y la continuidad de su existencia depende de que tú sigas creyendo en la separación».
>
> **UCDM**

su verdadera naturaleza y sabe que su valor fue establecido por el amor infinito. Fue creado perfecto, sigue siéndolo en este momento y no le corresponde la disparatada función de evaluarse, definirse, reinventarse o fabricarse.

El ego se hace preguntas que no tienen respuesta en el nivel de la realidad, pero sí en el nivel de la fantasía en el que vive.

La autoestima, como valoración precaria que es, sube y baja reflejando la insustancialidad de los juicios en los que se sustenta. Es fluctuante porque los criterios en los que se apoya también lo son. En un sentido profundo, la baja autoestima y la alta autoestima son una ilusión. Las opciones de «quererse» o «no quererse» no tienen sentido para quien sabe que fue creado en la perfección del amor. Sólo un ego cometería el error de evaluarse. El amor jamás se haría esa extraña pregunta.

«Si eliges considerarte a ti mismo como incapaz de ser amoroso, no podrás ser feliz. Te estarás autocondenando y no podrás por menos que considerarte inadecuado».

UCDM

Una vez el ego establece cierto nivel de autoestima, tratará de mantenerlo o de mejorarlo. Ahora, está expuesto a toda clase de manipulaciones externas que le permitan mejorar su autoestima. La baja autoestima es detectada por los demás como si lo anunciara con un cartel luminoso que pregona: «Estoy convencido de que valgo poco, ¿me lo confirmas?». Y pronto llega un ego dispuesto a hacerle «ese favor»; por supuesto, y que ni decir tiene, a cambio de algo.

A las valoraciones ajenas, el ego incorpora las suyas propias. Con el tiempo estas evaluaciones pasan a expresarse de la forma: «Yo soy de esta manera o de la otra…». El grado de aceptación que el ego establece se basa en referencia a los juicios del entorno: padres, maestros, parejas y amistades. Eleanor Roosevelt opinaba que nadie puede hacer que te sientas inferior sin tu consentimiento. Estoy de acuerdo. Con seguridad en algún momento te preguntaron: «¿Quién deseas ser de mayor?». Entonces descubriste que «tenías» que inventarte. Con certeza no respondiste: «Ya soy. Quiero ser yo. Y nadie más». Imagina por un momento la situación: un adulto (que duplica en altura y triplica en peso, con la autoridad que semejante «tamaño» le da) preguntándole a un niño: «¿Quién quieres ser?». Resultado: el niño empieza a inventarse.

La «relación que estableces contigo mismo» ¿es de amor, de odio, o una mezcla de ambos? La persona que se aumenta a sí misma defenderá su diferencia ante los demás. La persona que se disminuye, se atacará a sí misma por el dolor de su carencia. Las dos son víctimas de su ego. Ambas se creen «especiales»: una agrandándose, la otra disminuyéndose. No hay diferencia entre ambas percepciones. Juegan juegos parecidos: ser el mejor, ser el peor. Es el juego de las diferencias y las comparaciones. El juego del ego.

Pero… ¿podrían simplemente olvidarse de mantener «una relación consigo mismas»? ¿Podrían dejar de juzgarse a sí

mismas? Lo que deberían corregir no es su «valor» sino el pensamiento de que pueden evaluarse y después «ponerse nota». Tal vez si se olvidaran de sí mismas, o de mirarse al espejo, o de tomarse tan en serio, y miraran afuera, y establecieran una relación de amor con el mundo; tal vez, digo, entonces desaparecerían todos sus problemas de autoestima y serían felices.

El ego, «el prota de la película»

Todo el mundo crea y cree en su autoimagen pero muy pocos conocen su yo verdadero. Eso explica por qué la paz interior es un estado mental tan inusual. Si la gente supiese quién es, desaparecería el sufrimiento del mundo. Todos los egos son idénticos en su estructura pero diferentes en su contenido. Lo que esto significa es que se diferencian en detalles (con qué se identifican) pero no en la estructura

«Lo único que el ego percibe es un todo separado, desprovisto de las relaciones que presupone el estado de ser. El ego, por lo tanto, está en contra de la comunicación».

UCDM

(confundirse con una identificación). Es decir, identificarse con una u otra creencia es cuestión de detalle, lo principal es que existe una identificación. El contenido del ego es precario ya que todo aquello con lo que se identifica es cambiante e insustancial.

Una identidad basada en lo cambiante es ilusoria.

Una vez elegido el contenido, el ego lucha por defenderlo ante cualquiera que lo cuestione. Cuanto más lucha un ego mayor es su miedo a desaparecer. ¿Por qué?, porque una mentira necesita ser defendida (la verdad no necesita ninguna defensa para ser verdad). El ego cree que una mentira contada un número suficiente de veces puede convertirse en verdad. Y a ello se aplica. Para el ego existen claramente diferenciados el «yo» propio y los «yoes» de los demás. Una vez se ha establecido la separación, que aparezcan los conflictos es cuestión de tiempo. Todo lo que ponga en peligro la supervivencia de su concepto de «yo» es una causa para la defensa o el ataque. En su universo sólo cabe él, por eso siempre está tan solo. La palabra más importante es «yo», «yo», y sólo «yo»; y su juego preferido, «yo gano, tú pierdes».

Al ego le gusta crear un molde para sí mismo y otro molde para todo ego con el que interactúa. Si los demás se ajustan a sus moldes, los «amará»; en caso contrario, los odiará por no adaptarse a sus exigencias. En su ideario está ser «especial» para aumentarse y poder disminuir a los que no son «especiales».

El ego es el productor, director y protagonista principal en la «película mental» que se hace de su vida. Escribe un guión que interpretar, asigna los papeles secundarios a las personas con las que se relaciona y se queda con el papel principal con que se identifica. Vive como el héroe de su aventura en

el mundo de la materia y la separación. Como algunas partes de su película le gustan más que otras, repone los mismos rollos para repetirlas una y otra vez. Apagadas las luces de la sala de proyección, todo parece tan real que confunde su «película mental» con la realidad.

No es posible cambiar a los demás

Desear que otra persona cambie cuando no lo desea es simplemente imposible. Nadie cambiará porque otra persona lo desee. Si comprendemos esto, podemos ahorrarnos una gran cantidad de energía y tiempo malgastado con el fin de tratar de cambiar a los demás… incluso «por su bien». ¡Qué gran liberación!

«El ego trata de explotar todas las situaciones para vanagloriarse, a fin de superar sus propias dudas. Tú que lo inventaste no puedes tener confianza en él porque cuando estás en tu mente recta te das cuenta de que no es real».

UCDM

Simone de Beauvoir dijo: «Cuando se respeta profundamente a alguien, se rehúsa forzar su alma». ¿Vemos a los demás como son o como «deberían» ser?

Según un proverbio chino: «Es más fácil variar el curso de un río que el carácter de un hombre». Sin embargo, muchos esfuerzos se centran en «diseñar» las vidas de los demás. ¡Como si alguien pudiera saber qué les conviene pensar o hacer a los demás!

El ego trata de arreglar el mundo pero no a sí mismo. Tú eres tu transformación, no la del mundo.

Cada uno tiene su propia vida, y nadie debería entretenerse en tratar de vivir la de los demás. Hoy, demasiada gente está pendiente de demasiada gente. Y pocos se ocupan de ¡vivir su propia vida! Los programas y revistas del corazón protagonizan una etapa que se recordará con vergüenza en unos años. Son una pasarela para el desfile de egos exacerbados.

¿Te gustaría que alguien te dijese qué pensar, sentir o hacer? Puesto que solamente yo decido qué sentimientos voy a albergar en mi corazón y qué creencias en mi mente, nadie va a elegir por mí, nadie tiene el derecho a pensar en mi lugar.

Permite a los demás ser quienes son al aceptarlos tal cual, y estarás en paz. Tu función, la mía, la de todos es aceptar a los demás, liberarles de la responsabilidad por no ser como nos gustaría que fuesen. Toda persona tiene completo derecho a ser ella misma; y ten por seguro que va a ejercer ese derecho.

La aceptación es un concepto arduo en los tiempos del ego.

Lo que sabemos es que tratar de cambiar aquello que no está en nuestra mano es fuente de conflictos. Cuando tra-

tamos de hacer entrar a los demás en nuestros moldes –los que nosotros hemos planeado para ellos–, el amor se desvanece. Hoy podemos tomar la siguiente decisión: vamos a prescindir de nuestros esquemas para otras personas, aceptándolas tal y como son. Y vamos a romper los guiones que escribimos para ellas en nuestra «película mental». ¡No más guiones!

Tal vez los demás deban cambiar para ser felices, pero no para que tú seas feliz. Es muy diferente. Esto es seguro: nuestra paz interior no tiene que ver con cómo son o dejan de ser los demás. Pero el sufrimiento tiene que ver con cómo creemos que deberían ser. Si tú estás en paz, una parte del mundo lo estará. ¿Ves a dónde conduce eso?

«Tu función no es cambiar a tu hermano, sino simplemente aceptarlo tal como es».

UCDM

La felicidad hipotecada

Pretender que los demás nos hagan felices es tanto como hipotecar la felicidad, se cobra intereses.

Parece que a muchos les fascina arreglar los problemas ajenos como si supieran realmente qué es lo más conveniente para los demás: qué pensar, qué hacer, cómo comportarse… Los demás no van a comportarse tal como queremos, ni siquiera tal como esperamos, del modo cómo lo deseamos y en el momento en que nos apetece.

Las relaciones a menudo funcionan así: «Te querré si me complaces, en caso contrario, prepárate». En el más que probable caso de no ver satisfechas nuestras expectativas, aparece la decepción. No sé cómo llamar a esto pero desde luego no es amor.

Pero el amor incondicional no hace tratos, de eso estoy seguro.

Una persona asustada ofrece aquello que posee en abundancia: su miedo. Por ello suele comportarse expresando su gran carencia de amor y, por desgracia, con frecuencia lastima a los demás. Una reacción airada o violenta es para el agresor, y desde su particular punto de vista, la «única» alternativa de que dispone. Quien se manifiesta violentamente está sufriendo en su interior la mayor brutalidad que el alma puede experimentar porque un alma en paz no concibe dañar a un ser sensible.

Nadie desea «estar en su lugar», no les condenemos entonces a permanecer ahí.

Una persona no controlada por su ego no reacciona a los egos crecidos ni a ninguna de sus argucias. Su conducta está

al margen de tales provocaciones. Pero ¿cómo no reaccionar a las provocaciones de un ego?:

Viéndoles como seres espirituales.

No identificándoles con su conducta, lo cual sería encadenarlos a una visión errónea.

Dando por hecho que tienen un ego como todo ser encarnado.

Renunciando al juego de querer tener razón. Reconociendo su temor.

Ofreciéndoles amor.

Siendo pacientes. Perdonando.

Todos son remedios infalibles, mano de santo.

«Estás condenando porque te has condenado a ti mismo. No obstante, si toda condenación es irreal, y tiene que serlo puesto que es una forma de ataque, entonces no puede tener consecuencias».

UCDM

Las zonas oscuras

La psicología ha identificado miles de rasgos y todos ellos están en todas las personas, sin excepción. Todas las almas contienen las semillas de los mismos rasgos. Unos rasgos nos gustan y los llamamos «cualidades»; otros rasgos nos disgustan y los llamamos «defectos». Sea como sea, todos los rasgos están en cada uno de nosotros; y si alguien afirma que cierto rasgo no tiene nada que ver con él, vive una gran ilusión. Otra cosa es que no lo manifieste –ya sea un defecto o una cualidad–, pero si es humano ese rasgo, le guste o no, está en su naturaleza.

Esto es lo que sucede. Desaprobamos con vehemencia rasgos de nuestro carácter. Lo siguiente es que cada aspecto rechazado pasa a formar parte de la «sombra». Una zona oscura del alma donde nada parece que no va a molestar y así poder olvidar lo mucho que nos desagradan. Una vez en el trastero emocional, apagamos la luz para no ver lo que no quiere verse.

Del mismo modo, tus relaciones personales te revelan dónde hay rechazo de ciertas conductas ajenas.

Cada relación entraña una enseñanza mutua, en el Taller de Amor todas las relaciones son una experiencia educativa para volver al amor. Hasta ese punto son valiosas las relaciones.

Tres pautas para iluminar tus zonas oscuras: lo primero es aceptarlas, lo segundo dejar de señalarlas en los demás, y lo tercero conducirlas al amor.

Tal vez es incómodo, tal vez es mejor esperar a que los demás cambien, pero no es así como mejoran las cosas. Lo que en ningún caso hará este libro es dar respuesta a las pregun-

«El perdón deshace únicamente lo que no es verdad, despejando las sombras del mundo y conduciéndolo al mundo luminoso de la nueva y diáfana percepción. Y es allí donde te aguarda la paz».

UCDM

tas del ego. He omitido todo el material que puede interesar al ego porque, de lo contrario, alentaría a creer en lo irreal.

¿Quién es maestro y quién alumno?

En esta escuela, todos somos a la vez alumnos de maestros y maestros de alumnos. Como ya sabes, no puedes dar nada que no recibas; en este sentido, todo lo que enseñes, lo aprenderás. La lección es la misma para todos, pero cada uno sigue un plan de estudios a su propio paso. Enseñar es mostrar con el ejemplo, no con las palabras.

En la Escuela de Almas ningún alumno pierde el curso. Todos son capaces de sacar buen provecho de su plan de estudios, sea el que sea. De lo contrario, no estarían en la escuela.

«El miedo no tiene cabida en el presente cuando cada instante se alza nítido y separado del pasado, sin que la sombra de éste se extienda hasta el futuro».

UCDM

Con esta convicción no supervises los avances o retrocesos de los demás, no des fe de sus errores o de sus malos comportamientos, no les taches de «imposibles». No les pongas una equis en tu mente.

Vuestras mentes están tan unidas que no puedes pensar eso sin afectar a ambos. Las personas que hoy te parecen «imposibles» recuerdan mucho quién fuiste tú un día, tal vez no lejano.

Sólo aprenderás aquello que enseñes demostrándolo de una y muchas maneras. Enseña con el ejemplo; la actitud, la presencia y el silencio bastan. No hace falta opinar, arengar, o decirles a los demás cómo deberían ser o qué deben hacer. Eso es presionar, no enseñar.

Ahora mismo en el planeta muchas personas se sienten llamadas a enseñar por la razón de que desean aprender. Enseñar es aprender porque refuerza lo que sabes. Y no se puede aprender nada que no se enseñe con el ejemplo. Elige lo que quieras aprender y después enséñalo, de una y otra manera, hasta que lo aprendas bien. Refuerza tu aprendizaje, no predicando sino demostrando con tu ejemplo.

Los que ahora quieren ser alumnos tienen que ser maestros y los que quieren ser maestros tienen que ser alumnos. Cuando el alumno está listo para aprender aparecen las ocasiones para enseñar lo que desea aprender.

Sólo hay una lección, el perdón, aunque muchas formas de aprenderla. Cuando estás listo para aprenderla se presentan diferentes situaciones o maestros para enseñártela.

Lo que se enseña y, por tanto, se aprende tiene valor en la medida en que procede del amor. En realidad, toda enseñanza verdadera proviene del amor y siempre vendrá a

través de la boca de tus semejantes que actúan como inestimables maestros. Toda relación está bendecida por enseñanzas solicitadas; y por esa misma razón, atraídas. Una vez establecida la materia de la lección, los maestros-alumnos se conocerán.

No temas no estar a la altura de tu siguiente maestro o de tu siguiente alumno. Os encontraréis porque ambos estáis preparados el uno para el otro. Vuestro nivel de conocimientos es siempre el adecuado para cada relación de enseñanza-aprendizaje; y cuando deje de serlo, se establecerán nuevas situaciones para acceder al siguiente nivel de conciencia. Las lecciones siempre son las adecuadas y provienen de los maestros más preparados para aquella enseñanza. En esto no cabe ninguna duda.

«Un buen maestro debe tener fe en las ideas que enseña, pero tiene que satisfacer además otra condición: debe tener fe en los estudiantes a quienes ofrece sus ideas».

UCDM

Un maestro escucha más que habla, porque ya sabe lo que puede decir pero desconoce lo que podría escuchar en caso de callar –la gente que se enamora de su voz, aprende poco–. El sabio reconoce en cada persona algún aspecto en el que el otro es un experto y él un aprendiz. No se considera diferente, porque no ve nada diferente en el otro de lo que reconoce en sí mismo. Se relaciona con gente sencilla pues su trato le agrada y le proporciona valiosas enseñanzas.

Sanar las relaciones

¿Nunca te has preguntado el porqué de las relaciones? El ego tiene muchas respuestas pero ninguna te dirá el verdadero propósito.

Las relaciones son tu práctica espiritual.

No te conviertas en un buscador de faltas de los demás, antes honra las cualidades que sin duda tienen, tanto las actuales como las potenciales. Recuerda que hay un yo verdadero en ellos tan digno de amor como lo eres tú. El ego crea «moldes de perfección» para los demás y trata de hacerles pasar por ellos, busca los aspectos negativos de los otros y los mantiene en su punto de mira. En definitiva, se pierde cuanto de bueno tienen.

La mente separada no sabe que el amor que busca en otros está en la mente no separada. Su ignorancia le lleva a sentirse sola en un mundo donde el amor parece escaso. Y vive la ilusión de buscarlo en una y otra persona con la esperanza de recibirlo antes que darlo. El ego desconoce por completo el amor incondicional y lo sustituye por sus sucedáneos favoritos: el amor condicional y el amor romántico.

En tu trato con los demás es fundamental ser espontáneo, no reaccionar sino responder, ser suave y no abrupto. El ego de

los otros permanece a la espera de la reacción del tuyo; y ten por seguro que sabe cómo llevarte al terreno del conflicto. Elige una y otra vez no reaccionar ante una provocación. La suavidad interior es la cualidad de las mentes disciplinadas. No importa cuál sea su conducta, la tuya ha de seguir el dictado de tu verdad interior y no su comportamiento. Tus palabras y tus actos han de corresponderse con tu naturaleza superior y no con su yo inferior.

Una relación te enseña la paciencia infinita que sin la colaboración del otro quizás no aprenderías.

Eso no significa que caigas en la trampa de plegarte a las exigencias de su ego y no contravenirlas para no perder su

«Únicamente lo que tú no has dado es lo que puede faltar en cualquier situación».

UCDM

«estima» o favor. Como no es posible servir a dos amos, habrás de elegir. Lo seguro es que no puedes corregirle pero sí puedes hacerle saber, de modo no agresivo, que no engordará su ego a tu costa. El trato que consientas ahora es el trato que recibirás después, ni más ni menos.

Mantén tu ego a raya y no respondas al de los demás.

Cuando termines este Taller de Amor sabrás retirarte a un lado con humildad cuando un semejante se cierre y regresar cuando se abra a la relación. En uno y otro caso, sin orgullo, con dignidad y con respeto. Si alguien no está abierto a la posibilidad de relacionarse contigo, no «comete un error» ni se «pierde nada». Su alma es sabia y sabe, o descubrirá, lo que más le conviene.

6

No juzgar, la liberación interior

«Cuando aprendemos a no juzgar
a los demás y aceptarlos tal como son,
podemos aprender a aceptarnos».

GERALD G. JAMPOLSKY

En este capítulo, entenderemos nuestra afición para inventar un guión sobre cómo deben comportarse los demás. Al creernos el director y el protagonista de la película que nos inventamos en nuestra mente, tratamos de cambiarlos según nuestros esquemas de cómo deberían ser la cosas. El juicio crítico y el ataque nunca pueden brindarnos paz, sino separación y resentimiento. Pero podemos dejar de juzgar y romper esos guiones.

 99

Cómo dejar de juzgar

Una parte de nosotros está en permanente búsqueda de faltas ajenas. Cuando cree encontrarlas, las convierte en una oportunidad para el ataque. Bajo la visión del ego –la mente separada– las faltas necesitan castigo, no corrección. El ego busca situaciones en las que pueda demostrar que alguien está equivocado, y que él tiene la razón. Cada ego es juez en su propio juzgado de guardia. Cada juicio que emite es una condena inapelable, en la que sólo varía el grado de culpabilidad porque el veredicto es el mismo: culpable. Del gran sufrimiento del mundo se deduce que la mayoría padece una visión distorsionada de la realidad. Este mal endémico provoca ceguera selectiva: al desear ver «lo que se quiere ver», se interpreta como una falta «lo que no se quiere ver». Bajo su mirada restrictiva, la gente parece estar incompleta, y su fragmentación es merecedora de castigo.

Tan pronto caigas en la tentación de emitir un juicio recuérdate tu objetivo principal de vivir en perfecta paz. Eso te ayudará a cerrar el juzgado de guardia de inmediato y declarar tu jornada como un «día libre de juicios».

Una jornada sin juzgar es un logro educativo de primer orden. Un hito espiritual. Todo lo que necesitas es estar dispuesto a no juzgar. Pero antes necesitas comprender que juzgar es imposible. Lo aprenderás en las páginas siguientes.

El hecho de juzgar tiene que ver con la percepción, no con el entendimiento porque cuando juzgas no puedes ver la realidad, ésta desaparece ante ti. Lo que esto significa es que no necesitas aprender a perdonar sino a ver que es innecesario.

Me temo que si aún juzgas a los demás es porque todavía no has renunciado al deseo de cambiarles, incluso «por su bien». Si lo tuyo son las «críticas constructivas», te diré que

> «Nadie que ama puede juzgar, y, por lo tanto, lo que ve está libre de toda condena».
>
> **UCDM**

son un mal disfrazado de bien. Nadie debe ser diferente para que tú puedas experimentar paz ahora. Y si piensas lo contrario, simplemente, estás confundido. Nadie puede juzgar en el nombre del amor, es decir «por su bien»; y si lo hace, desconoce por completo el significado de amar.

Ilumina a todos los seres con la luz de la mirada del amor.

Sé que lleva mucho tiempo, tal vez toda una vida, comprender que lo que señalamos con el dedo y llamamos culpa no es sino la proyección de la propia culpa donde resulta menos dolorosa: en los demás. Pero nos toca reconocer que sólo las mentes temerosas ven culpa. La culpa no puede deshacerse creándola primero y después perdonándola, sino dejándola de ver.

> «Hay otra manera de ver esto. Recuerda aplicar esta idea en el momento en que notes cualquier molestia. Hay otra manera de ver el mundo».
>
> **UCDM**

El amor no ve culpa alguna porque su visión está libre de temor.

¿Te comprometes a pasar un solo día sin juzgar? Declara tu jornada libre de juicios, de aceptación total.

Todo lo que ocurra no merecerá ser juzgado, sino contemplado como una oportunidad para llevar amor a cada situación.

El amor no juzga, sólo el miedo lo hace

En los siguientes párrafos aprenderás a honrar tu tiempo con la paz de la inocencia. Permíteme mostrarte que cuando juzgamos a los demás cometemos dos equivocaciones:

Una: emitir un juicio innecesario que nadie ha pedido. Dos: creer conocer lo que se ignora.

Lo importante en todo esto es que un juicio nunca es suficientemente objetivo como para apreciar todos los aspectos involucrados en la situación. Para acertar en el juicio habría que acumular tanto conocimiento y comprensión que, de revelarse, se renunciaría a todo juicio en el acto.

El amor no juzga. Si amas, no juzgas. Punto.

Sé perfectamente que el ambiente en el que crecimos, y el que frecuentamos de adultos, ve en la crítica un sano ejercicio. Has sido entrenado para juzgarte y ahora es inevitable que juzgues a los demás. Este libro te recuerda que el hábito de someter a los demás a juicio, aun «por su bien», no tiene nada que ver con el amor. El amor incondicional significa la aceptación total de los demás, tal y como son, sin necesidad alguna de cambiarlos. Mientras continuemos creyendo que es nuestra obligación condenar a los demás –después de juzgarlos y considerarlos culpables–, nos sentiremos separados

y en conflicto. Y, en consecuencia, el juicio recíproco nunca cesará.

Afróntalo. Dejar de evaluar; es decir, de juzgar. Basta con aceptar a los demás sin desear que sean diferentes de como son. Precisamente porque juzgas, te pierdes lo que son. O eliges ver o eliges juzgar. Si te interesa la paz no puede interesarte buscar supuestas faltas, es contradictorio.

Y esto es lo que ocurre:

Si buscas amor, encuentras amor; cuando buscas temor, es lo que encontrarás.

Si miras sus cualidades, la ves; cuando no las miras, no podrás verlas.

> «Puedes elegir ver o juzgar, pero nunca ambas cosas».
>
> **UCDM**

Si buscas faltas, las inventas; cuando no las buscas, no están allí para que puedas verlas.

Es incompatible desear paz interior y juzgar a la vez, aun si se tiene razón, aun si el juicio está «justificado», aun si el otro «debe comprender». La paz y el juicio son incompatibles. Es imposible atacar y estar en paz al mismo tiempo.

Abrigar resentimiento y desear la paz interior es una contradicción monumental. Aquí no valen las posturas intermedias. La aceptación o es total o no es. Mientras escribo esto, el mundo sigue dictando nuevas leyes que por desgracia no acabarán con el mal, porque esas leyes creen en la culpa y el castigo, y por tanto dan realidad a lo que tratan de evitar. Las complejas leyes del mundo ignoran la sencilla ley del amor y están más interesadas en «agredir» al agresor que en curarlo. El mundo cree que es imprescindible juzgar. Sé que cuesta creerlo porque tu mente no se centra en cómo pueden ser las cosas, sino en cómo son ahora.

La realidad es que los demás no necesitan nuestra corrección, es nuestro pensamiento sobre sus supuestas faltas lo que debe ser corregido.

Siempre puedes unirte a ellos, aunque tengáis diferencias, te unes a su divinidad no a su ego.

La crítica siempre es destructiva

La lista de nuestras críticas es la autobiografía de nuestros defectos, o al menos se parecen mucho.

Buscamos en los demás aquellos defectos que detestamos en nosotros porque señalar en el otro duele menos que hacerlo en uno mismo. Cada vez que juzgamos, sacamos a relucir la peor parte de nosotros para endosársela a los demás.

El juicio es consecuencia de la mente separada. Y la brecha de la separación sólo se cierra cuando reconoces a tus semejantes: iguales, libres de culpa, inocentes de todo juicio y compañeros en la experiencia de la vida.

Ya me has oído decir que juzgar es debilitante y una pérdida de tiempo. Aunque sólo sea por economía de tiempo y ecología mental, deberíamos dejar de juzgar, incluso cuando lo hacemos en nombre de la «razón». Una persona que no juzga añade días a su vida por el tiempo que no malgasta. Juzgar no es gratuito, tiene un precio que una persona despierta no está dispuesta a pagar.

A nadie le resulta agradable una crítica, por muy «constructiva» que sea. La crítica es destructiva para quien es juzgado

«Juzgar implica que abrigas la creencia de que la realidad está a tu disposición para que puedas seleccionar de ella lo que mejor te parezca».

UCDM

aunque sea considerado como «un favor» por quien juzga. Realmente no hace mejores a las personas, sino que las convierte en «culpables». Tal vez necesitemos ser mejores pero en modo alguno necesitamos sentirnos culpables. Lo que sabemos es que la crítica sólo despierta sentimientos negativos en los demás, proporcionándoles así una oportunidad para reaccionar con negatividad y añadirla a la nuestra.

Déjame contarte un cuento para iluminar este punto de vista. Una vez vivía en una pequeña aldea una persona muy criticada por su modo de vida. Tanto era así que decidió abandonarla y fue a despedirse de sus amigos. Uno de ellos le dijo: «Supón que adonde vayas encuentras también la crítica, ¿entonces qué?». «Iré a otra parte y a otra después si es preciso», le respondió. El amigo replicó: «No lo hagas. Quédate y sopórtalo con paciencia hasta que las críticas se desvanezcan, entonces, y sólo entonces, vete a otro lugar si sigues deseándolo».

No hay culpables, sólo inocentes

Lo primero que deseo dejar claro es que el concepto de inocencia que se expone aquí es muy diferente al que estás acostumbrado. Seguro que has aprendido que la inocencia debe defenderse, puede perderse o hay que demostrarla. En este libro la inocencia se considera como un estado del ser que no tiene nada que ver con el mundo, ni con sus juicios, ni con el nivel de la forma y la materia en el que parece ocurrir todo. Pase lo que pase, la inocencia es una cualidad sin alternativa.

Sé que es un concepto muy provocador para la mente separada. No es preciso que lo aceptes pero sí que no lo niegues.

Un mundo de culpables es un lugar inhabitable. Puedes elegir un mundo de inocentes.

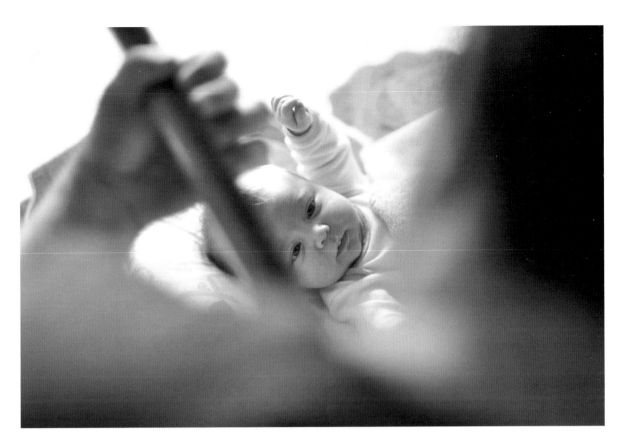

La condena y el ataque cesan cuando ves la inocencia en todas las personas sin excepción. Incluso «los que no saben» o «los que deben comprender» son inocentes por no saber y por no comprender. La presunción de inocencia nos libra del pesado ejercicio de realizar juicios, de ser mejores que los demás, del enojo de dictar condenas y de gastar energías para asegurar su aplicación.

Cuando juzgamos creemos conocer la realidad en su totalidad cuando todo lo que podemos hacer es interpretarla. El ego no sabe nada, su ignorancia es la causa de su miedo. Y porque tiene miedo, juzga. Del ego procede la idea de creernos distintos los unos de los otros –si no mejores– cuando somos esencialmente iguales.

«La condenación es un juicio que emites acerca de ti mismo, y eso es lo que proyectas sobre el mundo. Si lo ves como algo condenado, lo único que verás es lo que tú has hecho».

UCDM

Prescindir del juicio es un auténtico alivio, es una liberación.

¿Estás listo para liberarte de semejante carga?

Cada vez que te sorprendas condenando a quien quiera que sea por un motivo u otro, puedes pensar:

«Así lo creo, pero puedo, claro está, equivocarme porque no estoy en paz en este momento». Poco a poco, juzgar dejará de interesarte y, en consecuencia, el número de juicios que emitas disminuirá hasta llegar a prescindir de hacerlo. Eso es despertar.

Nuestra función no es juzgar, pues nadie puede juzgar correctamente, sino perdonar.

Empatía activa y profunda

Acudimos al espejo a diario, pero nunca nos reconocemos. Vemos a los demás, pero nunca nos vemos a nosotros mismos. Tanto es así que un día confundimos el mundo con una «ventana» cuando es un «espejo».

¿Por qué? Porque comprendemos que juzgar a otros es tanto como juzgarnos a nosotros.

Atribuimos faltas, sin comprender que si las reconocemos en otros es porque las conocemos bien en nosotros. Si juzgas no podrás evitar juzgarte.

¿Para qué sirve el espejo del mundo? El mejor modo para conocerse a uno mismo es observar a los demás y aceptar todos los aspectos que amamos y detestamos en ellos. Como la desigualdad no existe salvo como una fantasía de la mente separada, al verlos, te ves. Es sorprendente descubrir lo semejantes que somos.

Atacas lo que proyectas y, al hacerlo, te excluyes voluntariamente de unirte a los demás. La sensación de separación te conduce al miedo y éste a un nuevo ataque que a quien más daña es a ti. El ego utiliza la proyección, echar la basura mental afuera, como un medio para justificar el ataque. Es como tirar la bolsa de basura en el jardín del vecino y después recriminarle por tenerla ahí.

Empatía, un concepto interesante: es espiritual. Significa, en pocas palabras, ponerse en los zapatos de otra persona con el objeto de comprender sus puntos de vista. No significa que te unas a su sufrimiento, eso sería tanto como duplicarlo. Tu responsabilidad es no crear más sufrimiento en el mundo. Mientras lees que no deberías compartir el sufrimiento no

> «El amor no comprende el sufrimiento, y su deseo es que enseñes que no es comprensible. No se une en el dolor, pues comprende que curar el dolor no se logra con intentos ilusorios de unirte a él y de aliviarlo compartiendo el desvarío».
>
> **UCDM**

vayas a pensar que debes convertirte en alguien insensible y sin compasión. Lo que aquí se dice es que nunca te unas al dolor de tus semejantes o les serás de muy poca utilidad. Enséñales a librarse de él no a instruirles sobre el mejor modo de soportarlo.

Empatía es tener presentes sus circunstancias personales, sus necesidades, su biografía, su sabiduría o su ignorancia. No se trata de estar de acuerdo, se trata de entender. Y si alguien no puede entender es porque está demasiado aferrado a sus posiciones mentales.

Practicar la empatía activa permite entender qué mueve a una persona a actuar.

Estarás de acuerdo en que, después de considerar qué le lleva a una persona a pensar y actuar del modo en que lo hace, podemos comprender mejor. Insisto en que no se trata de aprobar, con tratar de entender basta. Y recuerda siempre que podrías ser cualquiera en sus mismas circunstancias.

«Anda un día entero en los zapatos de otra persona» para poder comprender por qué es cómo es.

Acepta por tu bien

Acepto por mi bien, acepto para poder perdonarme. Y perdono por mi bien, no por el de quien creo perdonar. Acepto no ser aceptado. Y perdono no ser perdonado. Acepto que es imposible resultar del agrado de todo el mundo –aunque esto es aún así porque la mayoría no percibe la perfección adonde quiera que mire–. Y acepto todo eso para mantener mi paz interior. El deseo de obtener la aprobación de los demás es una trampa de doble efecto: en caso de obtenerla nos hacemos más adictos a ella, pero de no obtenerla nos sentimos disgustados. Lo extraño es que ser aceptados es un

hecho que no depende de nosotros. No está en nuestras manos, está en las suyas. Depende de que quieran o no hacerlo. Su aprobación o desaprobación es cosa suya. Eso significa que no podemos hacer nada salvo ser nosotros mismos. No gastes tus energías en buscar la aprobación de los demás. Es una pérdida de tiempo. Tú viniste a vivir la vida a tu modo, no de acuerdo al suyo.

Cada persona maneja sus preferencias en las que puedes encajar o no. De modo que con suerte habrá una mitad que estará de tu parte y la otra mitad no. En ambos casos todo eso no dice nada de ti.

Estás terminando de leer este capítulo y queda una respuesta sin responder: ¿cómo se deja de juzgar? La pregunta nos conduce a una pregunta mejor: en realidad, ¿puede alguien juzgar? Si la respuesta es «sí» entonces debes conocer el

«Puesto que los ves tal como son, les ofreces tu aceptación de su verdad para que ellos puedan aceptarla en sí mismos. Ésta es la curación que el milagro produce».

UCDM

pasado, presente y futuro de la situación juzgada pues sólo alguien al tanto de todo puede atinar en su valoración. ¿Alguien en el mundo es capaz de conocerlo?

En realidad, al dejar de juzgar no se deja de hacer nada. No se renuncia a nada. Puesto que juzgar es una absoluta fantasía, tanto juzgar como dejar de hacerlo son imposibles. En verdad, dejar de juzgar es renunciar a nada y eso no puede significar ningún sacrificio o esfuerzo.

Quisiera que estas palabras se quedaran contigo. No juzgar es muy fácil, lo difícil es vivir apegado a la necesidad de juzgar e imponer castigos. Y si te parece un objetivo imposible es porque aún crees que juzgar es posible.

Nadie es «especial»

Todas las personas con las que te encuentras son compañeros en el «viaje» de la «nave» planeta Tierra. Todas merecen ser amadas sin ninguna escala de méritos, incluso aquellas a quienes «no se puede amar». No existen personas mejores o peores, salvo personas que son conscientes de su necesidad de autocorrección y otras que aún no lo son; sin embargo eso no dice nada de su naturaleza.

Ahora que tu máxima prioridad es alcanzar la paz mental, puedes elegir ver a las personas o bien manifestando amor o temor. Aquellas que parecen ser más indignas de ser amadas son las que más amor necesitan; y de hecho, piden amor a «gritos», incluso violentamente o del modo que creen mejor. En cualquier caso, su dolor es una petición de amor desesperada. Si tuvieran el amor que reclaman no actuarían como lo hacen.

Si comprendiéramos lo iguales que son nuestros «méritos» y lo circunstancial de las «diferencias» que nos separan, en-

tenderíamos que se mantienen en base a una fantasía de la mente. Las personas son únicas pero no diferentes. O tal vez sí, somos todos especiales pero en un mundo en el que todos son especiales, nadie lo es. Asunto concluido. Las relaciones «especiales» entre personas «especiales» sólo tienen significado para los egos que creen en las diferencias y la separación.

Esencialmente somos iguales, cualquier diferencia es irreal.

El amor «especial» fragmenta la realidad, revuelve, descarta, inventa, recompone, ensambla y crea una imagen que dice amar. El ego utiliza la especialidad en dos sentidos: «el amor especial» y el «odio especial». Aunque pueden parecer relaciones diferentes son iguales. Ambas se basan en la creencia de que alguien especial puede hacerte sentir especialmente

«La muerte de tu especialismo no es tu muerte, sino tu despertar a la vida eterna. No haces sino emerger de una ilusión de lo que eres a la aceptación de ti mismo tal como Dios te creó».

UCDM

bien o especialmente mal y hacer de tu vida algo diferente. Toda relación acaba por convertirse o bien en una lección de temor o en una lección de amor. Una relación especial, cuando es sanada, se convierte en una experiencia educativa.

Quienes se consideran especiales, o buscan lo especial, crean relaciones inconscientes que, en lugar de unir, separan. Todas las relaciones enfermas se basan en la separación; y, de hecho, las personas que mantienen esa relación lo están separadas porque han excluido el amor. El amor especial ama aspectos sin contrapartida real. Primero imagina lo que quiere amar y luego lo inventa en el otro.

El dolor en las relaciones se debe a que falta amor y sobra ego. Como ya te dije, con esta lectura aprenderás a darle la vuelta a muchos conceptos que han demostrado no funcionar y ser muy dañinos. En resumen, lo especial es diferente, lo diferente es sinónimo de separación en una percepción del mundo fragmentado, entonces, ¿cómo la separación puede llevarte al amor?

7

El perdón:
la última ilusión

«A diferencia de la mente que perdona,
la mente que rehúsa perdonar está llena
de confusión y de temor».

GERALD G. JAMPOLSKY

En este capítulo, aprendemos la importancia del perdón, como puente hacia nuestra propia paz interior. Como un arcoíris después de una tormenta, ilumina nuestra visión del mundo. El perdón no es nada que se dé a otros, sino que es corregir nuestras percepciones ilusorias de culpa. Perdonar es descartar, pasar por alto lo que creemos que alguien nos ha hecho para pasar a vivir libres de recuerdos y juicios.

«Yo estoy en lo cierto, tú no»

¿Cuántas veces hemos pensado en estos términos, mientras damos y quitamos razones?: «Te equivocas, yo tengo razón». Todos tenemos nuestras razones pero en ningún modo necesitamos imponerlas.

Si sientes que desear «tener razón» es una percepción que no refleja amor, sabrás que no hay peor mal que «la necesidad de razón». «Tener razón» no concede el derecho a desposeer a otros de ella o apropiársela. Querer «tener razón» es una manifestación del ego exacerbado. Aun con razón, una victoria que se fundamenta en la derrota de los demás no es una victoria, es un fracaso para todos.

Te será sencillo vivir cualquier situación sin perder tu centro de gravedad si mantienes tu independencia interior ante los demás, sea cual sea la situación, sin importar quién tenga razón. Mantenerse independiente de las motivaciones egoístas de sus egos evitará que reacciones desde el tuyo.

Tu verdad interna está por encima de obtener la razón de los demás. De hecho, cuanto más renuncies a tener la razón más seguirás tu dictado interno, y cuanto más independiente seas, más sabrás lo que es verdad para ti y ya no necesitarás la necesidad de corroborarlo.

Cuando una persona se encierre en su opinión no deberías tratar de forzarla a que la abandone. Si no está receptiva es mejor hacerse a un lado. Aun si consigues la razón por la imposición, el trato no durará. Un acuerdo conseguido por la fuerza requerirá un esfuerzo sostenido y, tarde o temprano, se romperá.

Ahora, ¿somos buscadores de faltas? Es decir, ¿vemos siempre el peor lado? Resulta sorprendente cuánto tiempo de-

dicamos a condenar a los demás por sus supuestas faltas. El ego, el gran buscador de faltas, no lo llama juzgar sino «críticas constructivas» que, dicho sea de paso, siempre resultan muy destructivas. «Si lo digo por ti», sostendrá en su afán por justificar su condena disfrazada. Dice actuar para el bien del otro cuando, en realidad, su ego se pasea por encima de los demás.

En un error hay belleza, imperfección, posibilidades de mejorar.

Sospecho que una parte de nosotros está deseando que el otro cometa un error para salir y señalarlo con el dedo acompañado de «la risita». Supongo que sabes a lo que me refiero. Al ego le encanta demostrarle a los demás que se equivocan y que él está en lo cierto. Parece que le estoy oyendo decir:

«Sus errores se encuentran en el pasado, y al percibirlo sin ellos lo liberas».

UCDM

«Yo estoy en lo cierto, tú no».

Es contradictorio desear la paz interior y, a la vez, ser un buscador de faltas para juzgarlas. No damos paso al amor cuando corregimos a los demás. No nos unimos a ellos cuando los juzgamos.

Cada persona posee un reservorio inagotable de razones. Todo el mundo quiere poseerla y la niega a los demás. Tengo mis razones pero no me interesa imponerlas, ni me enojo cuando me la niegan. Y me formulo esta sabia pregunta: ¿qué es mejor: vivir en paz o tener razón?

¿Qué significa perdonar?

Se han dicho muchas cosas sobre el perdón pero pocos entienden su verdadero significado. En los siguientes párrafos aprenderás a ver el perdón como una corrección en el pensamiento que disuelve la separación. Veámoslo.

El ego dice perdonar a cambio de reparaciones. Los rencorosos «perdonan» pero no olvidan. Las religiones hablan del perdón de Dios –lo cual es una idea muy extraña–. Y los moralistas hablan del perdón piadoso que, en ocasiones, ni siquiera ellos aplican… Muchos hablan del perdón y nadie sabe aún qué significa.

No es el concepto sino el método lo que está fallando.

Perdonar es liberarse de la necesidad de juzgar. Más allá, el perdón verdadero no ve el error, no exige pruebas de inocencia, no evalúa. Tanto es así que no distingue entre una forma u otra de perdonar, ni el momento para hacerlo, pues en realidad nunca hay nada que perdonar. El verdadero modo de perdonar es no hacer, decir y pensar nada porque no hay nada que perdonar.

Perdonar es dejar de tener presente el comportamiento de los demás. No se trata de un ataque de amnesia –lo que convertiría el perdón en un efecto funcional–, sino de disciplinarse para no desear recordar constantemente lo que otros hicieron o dijeron. El pasado no se puede cambiar, pero el perdón transforma el ahora con efectos inmediatos.

Perdonar es dejar de ver un personaje, títere de su propio ego. Es liberarlo de su identidad falsa para poder ver su luz y divinidad.

Perdonar es dejar de estar a la defensiva. El perdón es la ausencia total de conflicto y la respuesta natural a un ataque, es decir: a una petición desesperada de ayuda. Perdonar

«No hay nada que perdonar».

UCDM

es complicado para las mentes complicadas. Pero, cuando la paz interior es tu mayor deseo, sabes que no perdonar pone en peligro lo que más deseas: paz.

Perdonar es un acto de inteligencia. Y el mayor beneficiado es quien perdona. Quien perdona se libera como «rehén» de su propio rencor. Es muy sencillo perdonar cuando te das cuenta de que, en caso de no hacerlo, el único perjudicado es uno mismo.

Perdonar es liberarse del miedo. Nada es más liberador que el perdón que pasa por alto todas las ideas de ataque y culpa. Ningún acto entraña más inteligencia espiritual. Es fácil entender que los problemas del mundo requieren ser solucionados con el perdón de todas las ilusiones.

Perdonar es aceptar.

Perdonar no responde a una actitud de tolerancia sino a una decisión inteligente de soltar y dejar atrás. Es un proceso de descartar. Eso no significa aceptar conductas destructivas o tolerar lo intolerable, y convertirnos en cómplices de su ego. Lo que significa es que ya no creemos que otra persona pueda causarnos daño porque hemos recordado nuestra naturaleza.

Perdonar no entiende de culpas. Al renunciar al reparto de los papeles de inocente y culpable, de víctima y agresor, puedes vivir sin jugar el juego de la culpa. La culpa es el miedo al pasado y el perdón deshace el miedo.

Perdonar es una ilusión. Pero es la última de las ilusiones y la que disuelve todas las anteriores. El perdón corrige la ilusión de la separación. El sufrimiento no cesará hasta que no perdones la última de tus ilusiones sobre el mundo y tus semejantes. El verdadero perdón supone olvidarse de que

«Cuando te alteras y pierdes la paz porque otro está tratando de resolver sus problemas valiéndose de fantasías, estás negándote a perdonarte a ti mismo por haber hecho exactamente lo mismo».

UCDM

se perdona, a quien se perdona, y al hecho mismo objeto del perdón.

El perdón verdadero tiene dos efectos:

Uno: deshace la percepción de que alguien puede causarte algún daño.

Dos: libera la necesidad de reparar lo que no necesita reparación.

El perdón verdadero es la corrección definitiva de la fantasía de la ofensa. En un sentido profundo, el perdón es del todo imposible por innecesario. Y es por eso que es una ilusión.

«El perdón no es piedad, la cual no hace sino tratar de perdonar lo que cree que es verdad. No se puede devolver bondad por maldad, pues el perdón no establece primero que el pecado sea real para luego perdonarlo».

UCDM

En última instancia, el perdón ni siquiera es necesario. No necesitamos perdón, necesitamos despertar de la pesadilla de que hay algo que perdonar. Y, una vez que has entendido eso, la paz es inevitable.

Perdonar es la ilusión más hermosa, y la última ilusión porque disuelve todas las fantasías del ego. Tal vez hoy aún juzgas automáticamente, pero en algún momento ofrecerás perdón de forma automática. El perdón desaparecerá de la Tierra porque jamás habrá habido ninguna culpa que perdonar.

Perdono por mi bien

Este libro describe los beneficios de perdonar; y cuando los tengas presentes, perdonar será muy sencillo. La primera ventaja de elegir perdonar es que te libera de la carga del rencor que te impide sentirte en perfecta paz. La segunda ventaja es que podrás pasar a lo siguiente. Para que todo eso ocurra, el ego ha de abdicar de su necesidad de convertirse en el alguacil del mundo.

Sé que el ego encuentra intolerable la idea de perdonar y también sé que su decisión de no perdonar le mantiene lejos de la paz.

Creer que debido a las supuestas faltas ajenas el rencor es inevitable, es tanto como aceptar que los demás determinan nuestro pensamiento, nuestras emociones y nuestro comportamiento. ¿Cómo te sientes ante esta falta absoluta de libertad?

Quien no perdona se envenena a sí mismo con su propio veneno.

Es una pérdida de tiempo evaluar los hechos como merecedores de un mayor o un menor grado de perdón; o incluso,

hacer dobles listas: lo perdonable y lo imperdonable. El ego no perdona tratando de protegerse detrás de su «no perdón» y lo que consigue es lo contrario: exponerse a su ira.

Los grados o niveles de perdón son condiciones. Y establecer condiciones al perdón significa malentender su significado. Un perdón condicionado o «perdón falso» es un acuerdo o arreglo que no puede brindar paz. El perdón visto como un regalo injustificado del digno al indigno no cura nada. Aun así el ego dice: «Te perdonaré si…», «es imperdonable pero…», «te perdono porque…» y otras variantes del perdón falso. Perdonar y decir: «Si haces o piensas tal cosa entonces te perdono, en caso contrario, te responsabilizo de nuestra enemistad», refleja un ego interesado únicamente en sí mismo. Cuando el ego dice: «Perdono pero no olvido», no tiene ni idea del significado del perdón pues perdonar

«A todo aquel que perdonas se le concede el poder de perdonarte a ti tus ilusiones. Mediante tu regalo de libertad te liberas tú».

UCDM

precisamente significa dejar de tener presente una ofensa. La mente que no perdona está llena de miedo. Pero ¿cómo es posible deshacer el miedo con más miedo?

Regateos y arreglos. Desprecio e indignidad.

Arrogancia y altivez.

Falsa moral pero nunca perdón.

El perdón es amor y el amor no tiene nada que ver con regateos, desprecios, sentirse superior, mejor o ser arrogante.

El ego que perdona falsamente sigue esta extraña estrategia: en primer lugar da fe de una falta, la declara real y la condena. Después decide perdonarla; pero ¿no es sospechoso que ahora pase por alto lo que antes no pasaba?, ¿cuál será el precio de esta absolución?, y honestamente ¿quién puede situarse por encima de alguien aun por «compasión»? Declara real una falta y después la «olvida». Pero ¿quién olvida lo que cree que es real? Quien perdona pasa página sin tener presente la falta. No significa que no vea la disfunción sino que decide no tenerla presente. Éste es el verdadero perdón. Todo lo demás son variantes del falso perdón y «numeritos» del ego a los que estamos acostumbrados. El ego teme el perdón verdadero porque significa su completa extinción.

Este mundo aún no ha comprendido el perdón sin límites; y mientras no lo haga, el mundo no cambiará. No puede ser de otro modo.

Realmente no me perdono a mí mismo

Es fácil identificar en los demás todo aquello que nos desagrada de nosotros mismos. La psicología lo llama «proyec-

ción» de la culpa inconsciente. Por esa razón, es tan cómodo juzgar y condenar a otros. Pero la condena no les hace mejores. La verdad es que no somos ni siquiera diferentes. Sé que esta idea resulta escandalosa para el ego, pero no tendrá más remedio que irse acostumbrando a ella.

Por el mecanismo de la proyección de culpa inconsciente, les endosamos a los demás nuestras supuestas carencias e imperfecciones. Y, acto seguido, nos molestamos al ver nuestros propios rasgos reflejados en ellos porque nos recuerdan, a nivel inconsciente, que tenemos un trabajo pendiente por realizar en nosotros mismos. Es como enfadarse con el espejo por mostrarnos lo que ponemos delante de él.

«Todo perdón es un regalo que te haces a ti mismo, de manera que los pensamientos de vida puedan reemplazar a los pensamientos de muerte».

UCDM

Practica el perdón: vuelos liberadores cada día, suelta por la borda todos tu juicios y elévate en perfecta paz.

Nuestras relaciones personales son un magnífico espejo en el que se reflejan aspectos inconscientes. Nuestras relaciones «hablan» de nosotros. Todos los problemas en las relaciones parten de la proyección de toda clase de miedos.

«Perdonar es tu función por ser la luz del mundo. Cumplirás tu función para así poder ser feliz».

UCDM

Nos han enseñado que el perdón tiene que ver con los demás pero difícilmente perdonamos si antes no se perdonan las propias ilusiones acerca de los demás. El grado de autoperdón es proporcional al de aceptación que reflejamos en nuestras relaciones.

Hermann Hesse afirmó: «Si odias a alguien, odias algo en él que es parte de ti mismo. Lo que no es parte de nosotros no nos produce ese sentimiento». No podrás perdonar a otros a menos que te perdones a ti. Te has preguntado alguna vez:

¿Qué necesito perdonar en mí para poder perdonarlo en el otro?

El perdón o es para todos o no es.

El juego de la culpa tiene muchos adeptos y quienes juegan acaban ganando el trofeo del dolor. En su descargo, diré que el juego resulta en apariencia muy tentador. El juego consiste en que a través de la acusación el ego descarga todo su miedo en el otro por lo que le da, por lo que no le da o por lo que cree debería darle. El juego prosigue cuando un ego le endosa a otro ego la culpa; es decir: alguien hace sentir a alguien culpable. El primero vive la fantasía de que existe la culpa y el segundo vive la fantasía de que puede aceptarla. El juego continúa buscando nuevos jugadores a los que trasladar una parte de toda esa basura emocional. El juego de

la culpa se detiene por fin cuando un jugador entiende los efectos desastrosos de lo que está creando. Un juego, para mi gusto, demasiado brutal y devastador.

Amor y culpa no pueden coexistir.

En pocas palabras, la culpa es una interpretación errónea que se deshace corrigiéndola, no castigándola.

¿Cómo hacerlo? Siendo consciente primero del error en la percepción y después volviendo al pensamiento original que creó el error, deshacerlo y crear uno nuevo basado en la inocencia. El perdón perfecto es aquel que se olvida un instante después de perdonar.

«Perdonar es pasar por alto. Mira entonces más allá del error, y no dejes que tu percepción se fije en él, pues, de lo contrario, creerás lo que tu percepción te muestre. Acepta como verdadero sólo lo que tu hermano es, si quieres conocerte a ti mismo».

UCDM

El perdón te libera del pasado

El perdón te libera de la pesada carga de las experiencias del pasado. El perdón te libera de todas las ilusiones incluida la ilusión del pasado.

Imagínate yendo a todas partes cargado con ese saco –cada día más pesado– a las espaldas. A mí me parece que todos circulamos por esta vida con una carga semejante. ¿Hasta cuándo quieres sufrir por algo que sucedió en el pasado?, por algo que probablemente nadie recuerda, salvo tú. Qué sencillo sería todo si lo vaciáramos. Imagina ahora que un día, sueltas ese lastre, siente la paz y la ligereza que sentirías al ver cómo se va para siempre. ¿Cómo te parece que sería tu vida después de liberarte?

Te aferras al pasado cuando no perdonas.

Al perdonar te liberas del pasado y dejas de ser su víctima.

Perdonar es mucho más sencillo cuando comprendes que no hacerlo significa aferrarse al pasado y negarse a aceptarlo tal y como fue en realidad. ¿De verdad deseas seguir pensando que alguien te ha hecho daño? Perdonar es soltar el pasado sin ningún interés en revisarlo.

Cuántas veces solamente tú te acuerdas de algún suceso del pasado que te resistes aceptar. Quizás ya nadie lo recuerde ni le conceda la más mínima importancia salvo tú mismo. Probablemente todos lo han olvidado por completo, pero ahora estás reviviéndolo en tu mente una y otra vez como si eso pudiera cambiarlo.

Demasiadas personas «discuten» con su pasado, sin aceptar que lo pasado es un asunto terminado. Si siguen dándole vueltas, es porque ingenuamente piensan que el pasado se

> «El perdón eliminará de tu mente toda sensación de debilidad, de tensión y de fatiga. Arrasará con todo vestigio de temor, culpabilidad y dolos».
>
> **UCDM**

puede cambiar. No perdonar es lo mismo que creer que el pasado puede cambiarse.

Lo que sabemos es que lo pasado no puede cambiarse ni siquiera por un inmenso montón de culpa o rencor. Puesto que no podemos conseguir un pasado mejor de lo que fue ¿por qué no aceptarlo definitivamente?

Lo importante es recordar que la culpa siempre tiene que ver con el pasado. Como el pasado no existe, entonces la culpa debe tratarse de una fantasía: un intento fallido de cambiar el pasado por otro pasado «mejor».

El ego cree tanto en el pasado, y en conseguir un pasado a su medida, que inventa un lapso de tiempo entre lo que

> «Si asumes el papel de corrector, ya no puedes llevar a cabo la función de perdonar. Nadie puede perdonar hasta que aprende que corregir es tan sólo perdonar, nunca acusar».
>
> **UCDM**

llama «perdón» y sus «beneficios». Dice: «Si perdono, enton-ces…». El ego cree que para cambiar el presente antes debe cambiar el pasado pero nunca a él.

Perdonar es regalar al mundo un abrazo invisible, como una pompa de jabón ingrávida que no cuesta nada de nada.

Perdonar te ofrece paz interior.

El perdón pone fin a la fantasía de lograr un pasado mejor. Para el yo verdadero el perdón es el final de una confusión pasajera y sus beneficios, en términos de paz interior, son instantáneos. En este sentido, el sueño del perdón pone fin al sueño del miedo.

Al concluir esta lectura te darás cuenta de que el perdón es también una ilusión de la percepción, aunque una fantasía hermosa. Es una ilusión que acaba con todas las demás. Es una fantasía porque, en realidad, no hay nada que perdonar, nunca lo ha habido y ahora por fin lo sabes.

8

La alquimia
espiritual de las crisis

«Estoy dispuesto a desprenderme
de todos mis pensamientos conflictivos;
y al hacerlo, me liberaré del sufrimiento».

GERALD G. JAMPOLSKY

Las crisis son el mayor regalo que podemos experimentar si decidimos aprovecharlas para renacer a una nueva realidad. Nunca son casuales, siempre son didácticas, nos indican que es momento de cambiar nuestro nivel de conciencia, y pasar a otro donde lo que creemos que era un problema pasa a no serlo en absoluto. Las crisis son uno de los recursos de aprendizaje más potentes en esta Escuela de Almas.

Las pérdidas necesarias

Algo de pronto cambia y nos sustrae la calma. Una crisis personal suele llegar precedida por sucesos desencadenantes como: la muerte de un ser querido, un accidente, la pérdida de un trabajo, la quiebra económica, un divorcio, una enfermedad, un sueño truncado… Otras, en cambio, emergen progresivamente, como: la pérdida de la juventud, de la esperanza, del sentido del propósito… Sea lo que fuere lo que desencadena una crisis personal, la vida ha cambiado y hay que mover ficha.

> «Ningún pensamiento de pérdida significa nada, pues nadie está de acuerdo contigo con respecto a su significado. Es parte de un guión disparatado, que no puede ser interpretado de manera que tenga sentido. Siempre será ininteligible».
>
> **UCDM**

En esos momentos, pensamos que el mundo va a colapsarse. Nos sentimos superados y sin opciones: desesperación, vulnerabilidad, miedo y ansiedad. Y también: esperanza, confianza, coraje, serenidad, paciencia. Como la vida es equilibrio, si realizamos el balance de las experiencias, descubriremos que la suma de nuestras pérdidas personales es la suma de ganancias. Cada supuesto «mal» encierra un bien con el que se equilibra. Tras la crisis, llega el nuevo orden, la comprensión del proceso.

Nadie niega que sufrir una pérdida es una experiencia dolorosa, pero también puede ser el inicio de algo diferente e incluso «bueno». Por desgracia, no siempre están claras a corto plazo las compensaciones de las pérdidas y las crisis. Nace en el pasado, se muestra en el presente y se comprende en el futuro.

«Quien sabe de dolor, todo lo sabe», dice el libro del Talmud.

¿Por qué sólo somos conscientes cuando nos alcanza el dolor? Comprobado: aprendemos más con los «fracasos» que con los «éxitos», porque el éxito no nos hace recapacitar. Los buenos tiempos no resultan didácticos. Tal vez porque, por el momento, no nos permitimos otro modo de aprender.

¿Por qué es así? La ausencia de dificultades en la vida conduce a la autoindulgencia y la ausencia de autodisciplina garantiza episodios de sufrimiento. Por esa razón, nunca te abandones creyendo que has alcanzado tu nirvana cuando, durante la travesía de tu desierto, llegues a tu primer oasis.

Si echas la vista atrás, con seguridad, recordarás que alguien pasó por algo parecido y en aquella ocasión fuimos capaces de relativizar la situación. Tal vez fuiste capaz de consolar a alguien en situaciones idénticas a las que ahora te toca experimentar. Pero vivir la crisis en primera persona te desborda.

¿Qué hace la diferencia? El apego emocional a la situación.

Concéntrate en el significado de las siguientes palabras y pregúntate si van a pasar a convertirse en tu verdad. El tamaño de un problema no es una condición objetiva del mismo, sino subjetiva en quien lo vive. Y viene determinado por la intensidad del vínculo emocional que establece quien sufre el problema. Un problema es grande o pequeño en función de si el apego emocional al mismo es fuerte o débil.

¿Por qué a mí?

Todos lo sabemos, cuando se produce una crisis personal, nos hacemos estas preguntas:

- ¿por qué yo?,
- ¿por qué a mí?,
- ¿por qué ahora?

El ego grita: «Esto no puede estar sucediendo, no a mí». Y empieza una «discusión» con la realidad. Pensamos que Dios se ha olvidado de nosotros. Y, tal vez, lo cierto, es que se está ocupando de nosotros. Pero:

- ¿por qué yo no?,
- ¿por qué no a mí?,
- ¿por qué no ahora?

Puedo oír los gritos ensordecedores del ego que califica la situación como una «injusticia». Ahora el ego dispone de una gran oportunidad para hacerse valer. Con seguridad incidirá en la herida con esa clase de preguntas que empiezan con: «¿por qué?». Para que el dolor no cese y así él tome el control de la situación.

Pero:

¿para qué esto?,

¿a partir de aquí, qué es lo mejor?

El ego tacha las crisis como «inaceptables» pues sabe a ciencia cierta que provocarán una toma de conciencia que puede concluir con la disolución del ego. Como desea sobrevivir, gritará para tratar de convencerte de que no podrías arreglártelas sin él.

Lo que voy a decir puede parecer cómico pero no lo pretendo. Una crisis es una invitación al egocidio y a alumbrar al yo verdadero. Una crisis bien metabolizada acaba con el ego; pero liquidar el ego y alumbrar el yo verdadero no es sencillo. Lo que parece insoportable se convierte en una gran oportunidad de crecimiento al descubrir que somos más fuertes, más creativos y más sabios de lo que pensábamos. Lo que para el ego es un veneno para el alma es una medicina.

«Toda pérdida, no obstante, procede de los falsos conceptos que albergas, pues es imposible perder, sea cual sea la forma en que se manifieste la pérdida».

UCDM

Permíteme ilustrar este tema con un hermoso cuento.

Érase una vez un hombre que habiendo perdido un rubí cayó en la desesperación apenado por tan mala fortuna. Apenas recuperado el ánimo, acudió a videntes, adivinadoras y toda suerte de magos. Todos le dieron muchas pistas pero nadie le ayudó a encontrar la valiosa joya. Un día, tras serle recomendado un sabio, obtuvo de él el siguiente consejo: «Te diré cómo recuperar el rubí pero antes debes traer a mi presencia un hombre que nunca haya perdido nada». Aquel hombre viajó por todo el mundo durante años pero todas las personas a las que preguntaba habían perdido algo en sus vidas. Y cada uno de ellos le contaba su dolor y cuántas pérdidas había sufrido. A su vuelta, el sabio le preguntó por el rubí. «Ya no pienso en él. He conocido tanta gente que sufre por pérdidas mayores que hace tiempo olvidé recuperar el rubí. No lo necesito. En cambio, aquellas gentes necesitan tanto consuelo para ser felices…», le respondió.

Veamos los síntomas. Las crisis vienen precedidas por un sentimiento de insatisfacción que, finalmente, se manifiesta en un cambio externo que conmociona el mundo interno. Son el catalizador del cambio personal que desplaza el centro de gravedad de tu falso yo a tu yo verdadero. Aunque la apariencia de toda crisis es externa –en tu mundo, en tu mente o en tu cuerpo–, su sentido es espiritual.

Las seis etapas de las crisis

Sea lo que sea lo que está ocurriendo en este momento, es lo que necesitas. ¿Cómo puedo afirmarlo? Sencillo, si no, te hallarías en medio de otra situación. Estás donde necesitas estar. El ego no acepta esta afirmación tan rotunda; pero este libro no está escrito para alimentar las fantasías del ego, sino para ponerle a dieta de ellas. Lo que sé es que

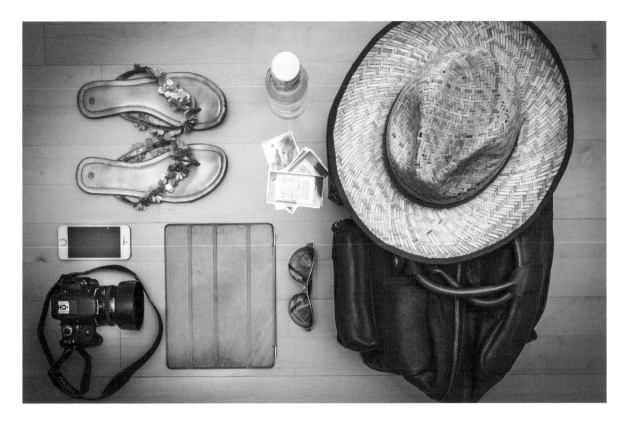

cuanta más resistencia opone el ego a una experiencia, más necesaria le es para transcender las limitaciones que pone de manifiesto.

Repasemos las diferentes etapas del proceso de una crisis personal hasta su fin natural. Tómalo como un patrón, las fases no siempre siguen el mismo orden y, por supuesto, la duración de cada etapa es variable, incluso varias etapas pueden desplegarse de modo simultáneo o ir y regresar de una a otra etapa. No es extraño, no es malo, es natural.

Uno: negación. Al principio, no se acepta la nueva situación. La persona no asume la situación, la ignora, la niega. Desea pensar que se trata de un mal sueño o un error. Aún no se produce un estallido emocional, sino una reacción más bien

«El dolor es una ilusión del ego y no puede producir más que un efecto temporal».

UCDM

intelectual: «Esto no está pasando, es una equivocación». Pero negar las evidencias retrasa la reacción.

Dos: rabia. Se despejan las dudas: no es un sueño, es la realidad. Y entonces la persona reacciona emocionalmente con rabia, enfado, ira. Es todo tan injusto que la rabia parece ser la única respuesta posible: «Me merezco otra cosa, nunca lo perdonaré». La rabia es una emoción extrema natural que conviene liberar, ¡pero nunca sobre otras personas! En la medida que se elabora una catarsis constructiva –y no violenta– se puede pasar a la siguiente etapa.

Tres: culpa. Aparece la culpabilidad por la nueva situación. O se convierte a los demás en culpables: «La culpa de todo la tiene él/ella». No hay mucha diferencia puesto que en ambos casos evaluar el «porqué» es improductivo. Buscar culpables, o convertirse en víctima es una reacción espiritualmente atrasada.

Cuatro: regateo. Hay una nueva realidad y «discutir» con los hechos no resuelve nada; pero la persona, en medio de su crisis personal, trata de negociar con Dios, con el destino o con quien quiera que se halle involucrado en la situación: «Si esto cambia, yo cambiaré. Lo prometo». El regateo retrasa lo inevitable. En esta etapa, colaborar con el cambio parece la opción más razonable.

Cinco: depresión. Cuando la persona que atraviesa su crisis personal se da cuenta de que las cosas han cambiado, y tal vez para siempre, comprende que se halla en el final de algo pero aún no ve el principio de lo que sigue: «Nada tiene sentido». Se vive «la noche oscura del alma». La tristeza estalla, por fortuna no durará eternamente.

Seis: aceptación y muda de valores. Puesto que la situación no cambia externamente, sólo queda cambiar internamente

aceptando los hechos y modificando la escala de valores. La persona encuentra una nueva forma de percibir la situación, y hasta reconoce el regalo oculto de la crisis: «Veo claras muchas cosas en las que antes ni pensaba». La aceptación permite recuperar la serenidad; y con ella, la claridad y el impulso para empezar un nuevo principio. La derrota sabe a victoria.

Si éste es tu caso, y estás inmerso en una crisis personal, ten paciencia, no tengas prisa por cerrar una experiencia tan alquímica. Las soluciones rápidas sirven de poco. Los cambios profundos requieren tiempo para que sean definitivos. Evadirse sólo detiene el proceso, lo pospone y lo hace más largo y tortuoso.

Estarás bien, ya lo verás.

«Todo lo que aceptas en tu mente se vuelve real para ti. Es tu aceptación lo que le confiere realidad. Permitirle la entrada al ego en tu mente y entronarlo allí, es lo que lo convierte en tu realidad».

UCDM

¿Y si hubiera...?

Entonces seguramente no te habrías transformado en profundidad. Para un físico cuántico, al «cambiar» el pasado ingresarías en un «ahora» diferente: un «universo paralelo» en donde con toda probabilidad otra crisis te aguardaría ya que tu evolución al amor, en un universo u otro, es inevitable. De todos modos, no tiene sentido proyectar una vida ficticia al lado de la realidad que vives fantaseando con: ¿y si hubiera...?

El ego se siente tentado a prometer arreglos, tratos de última hora, cualquier cosa antes que pasar por lo que está pasando. Pero esa oferta es un trato. La inteligencia infinita no juega el juego del ego porque simplemente no reconoce lo irreal.

No te culpes por pasar por lo que has pasado para comprender lo que has comprendido. Lo que ahora es evidente no lo habría sido sin el proceso de la crisis. Los cambios que se observan ahora en la superficie llevan tiempo gestándose en el fondo. Cuando emergen es porque ciertos patrones de pensamiento y valores se han agotado y es tiempo de pasar a una nueva realidad en la que el ego no lidere tu vida.

Sustituye la culpa por responsabilidad. La culpabilidad es una pérdida lastimosa de tiempo y energía. La culpa revela que el pasado aún no ha sido perdonado; y mientras eso no suceda, la mente estará absorbida por el pasado. Acariciará la fantasía de cambiarlo. Ahora mismo muchas personas están ausentes de su vida representando en su mente las viejas y tristes historias del pasado con la esperanza de que, a fuerza de repasarlas, cambien espontáneamente.

En los momentos de desesperación el ego grita exigiendo una respuesta. Pero Dios no puede oír nada entre semejante griterío; no puede oír porque la crispación y la desespe-

ración incomunican. Hay tanto ruido que es imposible oír nada que valga la pena ser escuchado. Siempre he creído que Dios no puede ver los problemas que le mostramos simplemente porque desde su visión no hay ningún problema que ver. ¿Imaginas su delicada posición?

Has oído bien, la inteligencia infinita del amor no puede ver el «problema» que te hace sufrir, aunque sí percibe tu sufrimiento. ¿Por qué no puede verlo? ¿Es que no quiere verlo? Es más sencillo que todo eso, el amor no cree en el temor y, por tanto, no lo confirma. Si lo hiciese, estaría tan atrapado como lo está la mente temerosa. Entonces ¿qué puede hacer para ayudar? Sólo algo propio de las personas: inspirarte para transformar tu percepción errónea. Pero la mayoría de las personas no quieren cambiar su percepción, lo que quieren es que sus circunstancias y el mundo cambien.

«Tú contemplaste lo que no era real y hallaste desesperación. Mas ¿qué otra cosa podías haber encontrado al ir en pos de lo irreal? El mundo irreal es desesperante, pues nunca podrá ser real».

UCDM

¿Ves dónde radica la dificultad?

Todo proceso de crisis es una elección interna y, aunque no lo parezca, una cuestión de supervivencia espiritual.

El gran regalo de las crisis

En chino, la palabra «crisis» se utiliza tanto para referirse a un problema como a una oportunidad. Son conceptos análogos, veámoslo.

Las crisis llaman a la puerta en diferentes etapas, con frecuencia al inicio de aniversarios múltiples de siete. Algunas personas aprovechan su oportunidad, otras la dejan pasar quedándose únicamente con el dolor del proceso pero no con su regalo. Hasta que una nueva crisis surja y deban afrontar de nuevo la elección: transformarse o seguir sufriendo.

¿Quién no atraviesa alguna crisis en algún momento de su vida? No es un síntoma de fracaso, es sinónimo de cambio y transformación. La forma que la crisis adopta poco importa: una quiebra, una enfermedad, una separación, una pérdida, un accidente… el escenario no es la obra aunque cada obra encuentra su escenario.

Lo importante en todo esto es la persona en la que te vas a convertir. Tarde o temprano, todos vamos a constelar el arquetipo del «héroe»/«heroína». En su rol está el «morir» para «renacer» renovado. El héroe/heroína suele revelarse en medio de una gran crisis personal. Activar ese arquetipo simbólico supone un acto de valentía sin límites que no todo el mundo está dispuesto a asumir. El héroe/heroína parte en un viaje iniciático del que regresará como un ser evolucionado. El héroe/ heroína se ha dignificado a través de uno de los más duros procesos de alquimia interior: el deshacimiento del ego. El héroe/ heroína vence sus limitaciones, vence los

dragones de sus miedos, finalmente, vence al ego y vuelve al hogar para emprender, transformado, una nueva vida.

Una crisis es una gran oportunidad para constelar el héroe/heroína que hay dentro de ti. Las crisis son un proceso espiritual.

De una crisis sale una persona «mejor» de la que era antes de ella. Las crisis no insensibilizan al dolor, sino al contrario: crean personas sensibles y suaves. Las dificultades enseñan a descubrir recursos que se desconocían. El lado positivo de una crisis es la transformación, los nuevos recursos desplegados. Cada fracaso vital encierra la información necesaria,

«¿No te das cuenta de que todo tu sufrimiento procede de la extraña creencia de que eres impotente?».

UCDM

el aprendizaje requerido para un nuevo intento: el del éxito. Las crisis te conducen a recuperar tu poder personal y te exigen tomar posesión de él. Es como si en tu interior se produjera un traspaso de poder del temor al amor. Y tu centro de gravedad gravitará del uno a otro. Algo que quizá no habría ocurrido de ningún otro modo. Míralo así.

Detén tu lectura, cierra los ojos y repasa las pequeñas, o grandes, crisis de tu vida: ¿cuál fue el regalo oculto? Cuando has identificado la oportunidad que se esconde bajo su caótica apariencia, ya no vuelves a contemplar lo sucedido como un mal, sino como un bien con apariencia de mal. Has reenmarcado la experiencia y, en lo sucesivo, podrás aceptarla y hasta bendecirla. Cuando seas capaz de hacerlo, la crisis habrá concluido.

El dolor desaparecerá, el regalo emergerá

Lo que le diría a una persona que ahora vivencia su crisis personal es que no va a estar donde se halla para siempre. El dolor desaparecerá. Y algo hermoso ocupará su lugar.

Deja de lado cualquier prejuicio y permanece abierto a que toda pérdida da paso a una ganancia. Descúbrela, haz de lo malo algo bueno. ¿Cuál es tu regalo? La compensación no siempre es inmediata –ya lo has comprobado–, y probablemente sea necesario un tiempo antes de pasar a algo nuevo. Lo seguro es que la vida no va a dejarte con las manos vacías. Todo tiene un propósito más allá de las apariencias, pero deberás encontrarlo.

La compensación no es una sustitución ni tiene por qué ser entre iguales. Si la pérdida es de dinero no tiene por qué ser compensada con una suma de dinero aunque tal vez lo sea con una nueva fuente de ingresos. Si se trata de la muerte de un ser cercano, evidentemente no puede ser sustituido

porque el universo, en su absoluta inteligencia, no incurre en despropósitos. Pero se te mostrará algo valioso más allá del vacío y de la nada.

Aun si las pérdidas son grandes, sin lugar a dudas, las recompensas lo son en proporción. En la vida se despliega una cadena de causalidades que enlazan pérdidas con oportunidades; y aparentes «coincidencias» provocan hechos que después resultan fundamentales. La inteligencia del universo está actuando. Fluye y todo estará bien. Te aseguro que no hay atajos, la salida a un proceso de crisis está precisamente después de pasar por todo el proceso, no por una parte. Supongo que sabes que una crisis no puede controlarse. Es agotador. Confía en el proceso, en tus sensaciones internas, y todo será posible. Date permiso para no tratar de controlar

«Suspende todo juicio con respecto a lo que es el problema. Pregunta cuál es el problema. Pues sólo hay un único problema y una sola solución».

UCDM

lo que sucede. Intentar saltarse una etapa puede ocasionar un retroceso o un estancamiento. No hay remedios rápidos eficaces.

No niegues o ignores las emociones. Acepta incluso las emociones que quisieras no tener. Las emociones no tienen nada de malo, son un regalo para que sepas en cada momento dónde estás. Pronto pasarán, se disolverán. Cada etapa tiene un sentido y elaborarla es la clave para concluir el proceso de cambio. Hay un tiempo y un ritmo para cada cosa.

Observa cómo te sientes cada día y celebra la menor mejora. Sin juzgar ni valorar los porqués: no hay bueno ni malo. Ni siquiera trates de cambiar tus sentimientos, acéptalos. Por intenso que sea el sentimiento, y aunque parezca imposible, pasará.

Si comprendes que cada vida tiene un propósito, aceptarás que nada sucede en la tuya por azar. Cada pérdida comporta una ganancia, y cada suceso tiene su razón de ser. Hazle espacio. Tal vez ahora no esté claro, pero lo estará. Un día te levantarás y todo estará bien y entonces sabrás que la crisis ha terminado.

No existe ningún problema

Para una mente problemática la vida representa como un cúmulo de problemas que resolver. Los problemas son cada vez más sofisticados y requieren soluciones, en correspondencia, más complejas. Parece haber «muchos problemas» y todos ellos de diferentes «tamaños». Unos parecen más difíciles de resolver que otros y las soluciones son proporcionales al tamaño del problema.

Para terminar de complicarlo, el ego –o la mente separada– busca la solución donde no está, no en sí misma sino en el

mundo. Como no ve que ella es parte en el problema, «no entiende el problema». ¿Y cómo va a solucionarlo si no sabe «lo que está pasando»? Con este panorama no es de extrañar que las cosas vayan como van.

He escrito lo siguiente como un desafío: las personas no tienen problemas, los problemas las tienen a ellas. La claridad necesita de tu parte que saques el problema de tu mente y que dejes de examinar una y otra vez las consecuencias de la dificultad hasta dictaminar que no tiene buena solución. Lo que el ego ve como un problema, el «yo verdadero» lo ve como una oportunidad para despertar los recursos latentes no utilizados. Un problema es un par de alas hacia una nueva conciencia.

> «El Espíritu Santo jamás ha dejado de resolver por ti ningún problema que hayas puesto en Sus manos, ni jamás dejará de hacerlo. Cada vez que has tratado de resolver algo por tu cuenta, has fracasado».
>
> **UCDM**

Lo que sabemos es que el ego tratará de convencerte de una manera u otra de que tu problema son los problemas, pero nunca él. Y cuando el ego escucha propuestas que proponen la aceptación, reacciona airado tachándolo de cobardía, de rendición inaceptable y de dejarse llevar por la desgana, la indiferencia y la debilidad. Pero el ego no sabe nada, todo lo que puede hacer es exhibir su ignorancia. Tu alma sabe que a veces «no actuar» requiere mucho más valor, fortaleza interior y sabiduría que actuar movido por la rabia y el dolor. La acción interna posee un poder inmensamente mayor que la acción externa del ego contrariado.

Este taller enseña que sólo una mente problemática puede proyectar problemas en el mundo. La mente separada, o ego, no se da cuenta de que sus pensamientos temerosos están carentes de amor; y los traslada al mundo exterior al que califica de «problemático».

Los problemas tampoco tienen tamaño, no hay problemas mayores que otros, lo que no existe no posee peso ni medida. No existen problemas imposibles pero sí mentalidades imposibles que creen en la imposibilidad y que, sin sospecharlo, son el problema. No alimentes el problema con tus dudas, no lo nutras con tu desconfianza o crecerá más que tú. Las soluciones dependen de que alcances un nivel de conciencia donde el problema no existe. Entonces, cuando sueltas el problema, se muestra un «pensamiento solución». Dirás que «la situación se ha resuelto» cuando eres tú quien se ha resuelto.

El «tamaño» de un problema depende del apego emocional a la situación por lo que es o debería ser. Tú mismo vas a convencerte de que el tamaño de los problemas es una fantasía puesto que la única solución es regresar a la realidad –que se abandonó al crear el problema–. Encontrar solución exige un arreglo sin tamaño porque el amor carece de medidas.

La Escuela de Almas te enseña que los problemas no son reales, que no hay diferentes grados de complejidad, que la solución a todos es siempre la visión del amor y que todo problema nace de una visión carente de amor.

Por increíble que parezca, los problemas no tienen ningún significado aparte del que le dan las mentes que los han creado. Cuando lo hayas aceptado, sabrás que la solución se encuentra en deshacerse de los juicios sobre el problema, no del «problema». No es teoría, es nuestra práctica espiritual más necesaria.

Afrontar dificultades no tiene nada que ver con la felicidad. Siempre te enfrentarás a un desafío u otro, así es la vida. De

> «No hay problema, acontecimiento, situación o perplejidad que la visión no pueda resolver. Todo queda redimido cuando se ve a través de la visión».
>
> **UCDM**

adolescentes tenemos unos, en la madurez cambian, al envejecer otros. Si crees que para ser feliz es preciso no afrontar dificultades, entonces, puedes renunciar a la felicidad en este mismo momento porque ten por cierto que la vida te proporcionará un nuevo desafío con seguridad.

Si estudias bien este material, empezarás a sospechar que todo problema es contigo mismo, pues en un sentido real, y no figurado, tú lo creas todo. Esto puede resultar desconcertante, pero recuerda siempre que nada es lo que parece.

Una situación, una crisis, un problema se resolverán tarde o temprano; incluso si la solución pasa por que todo quede tal como ya está, ésta se producirá en el interior de la persona que lo vive. En ese momento es muy útil afirmar: «Esto también pasará».

Créeme, ningún problema tiene nada que ver con sus apariencias. Por supuesto, el mundo no piensa eso. Buscar una solución presionando sobre las apariencias no arreglará nada; aunque el ego movido por su sensación de urgencia es lo que hará con probabilidad. Lo sorprendente es que no son las personas quienes resuelven sus problemas (de hecho, cada vez que han tratado de resolverlos a solas han fracasado), finalmente la inteligencia del amor lo hace a través de ellas. Las soluciones a los problemas externos siempre están en el ámbito interno. Necesitas confiar, no alimentar más las dudas de la mente temerosa. La duda es destructiva, representa el conflicto de valores y deseos. Una mente confiada activa posibilidades que, de otro modo, serían «imposibles». Las dudas destruyen ese magma de posibilidades. Como ya habrás experimentado, la falta de confianza te conduce a presionar sobre si lo que parece ocurrir, o no ocurrir, es lo adecuado o no. Todas las iniciativas del ego están condenadas al fracaso porque tratan de construir algo a partir del miedo. La incertidumbre es creativa en sí misma

«Entregarle un problema al Espíritu Santo para que Él lo resuelva por ti significa que quieres que se resuelva. Mas no entregárselo a fin de resolverlo por tu cuenta y sin Su ayuda es decidir que el problema siga pendiente y sin resolver, haciendo así que continúe dando lugar a más injusticias y ataques».

UCDM

y, con frecuencia, las cosas siguen un curso impredecible sin que eso signifique que no conducen a parte alguna.

Entrega tus problemas al amor, pide una solución para el mayor bien de todos los implicados, no permitas que el ego «diseñe» su solución ideal, más bien pregunta cuál es el problema en realidad y cuál es su solución. Y después haz tu vida sin obsesionarte y confiando en que todo saldrá bien, sin presionar en el cómo y el cuándo. Entregar no significa desentenderse, pero sí desenredarse del problema.

Cada problema tiene su tiempo interno límite para ser entregado, pasado éste, la mente se identifica con el problema quedando atrapada en él. Sin embargo, una vez afirmada tu voluntad de «ver diferente», se movilizarán las circunstancias y las personas adecuadas para que ganes una nueva

«Tú no tienes problemas, aunque pienses que los tienes».

UCDM

comprensión y la solución te alcance. Cuando comprendas lo anterior, tus dificultades te parecerán otra cosa.

Una cosa es un problema, el cual tiene solución, y otra una fatalidad, la cual no tiene solución. Si te encuentras ante un hecho en el cual no tienes capacidad de intervención puedes o bien hacerte a un lado y retirarte de la situación, o bien permanecer en ella sin forzarla dando tiempo interno para que el tiempo externo haga lo que deba. Antoine de Saint-Exupéry, el autor de *El Principito*, escribió: «En la vida no hay soluciones, sino fuerzas en marcha; es preciso crearlas, y las soluciones vienen».

La inútil preocupación

Preocupaciones, todo el mundo tiene su lista… sólo hay que fijarse en la expresión del rostro de la gente con la que te cruzas en la calle.

Lo que te preocupaba hace un año hoy está seguramente olvidado. Preocuparte entonces no sirvió de nada. Si contáramos las veces en nuestras vidas en las que sucumbimos a la preocupación y después las analizáramos, descubriríamos que la gran mayoría de veces no ocurrió aquello que tanto temor nos producía.

¿Vamos a preocuparnos por algo que probablemente nunca va a ocurrir?

Si valoráramos la suma de todas las preocupaciones y miedos pasados, veríamos cuán desproporcionados resultaron comparado con lo ocurrido. Ningún resultado es peor que el miedo. En todo caso, ¿qué es lo peor que podría pasar?

Hay quien piensa que para resolver sus problemas debe preocuparse por ellos, así cuanto más se preocupe antes llegará

«Todos los problemas son iguales para Él, puesto que cada uno se resuelve de la misma manera y con el mismo enfoque. Los aspectos que necesitan solución no cambian, sea cual sea la forma que el problema parezca adoptar. Un problema puede manifestarse de muchas maneras, y lo hará mientras persista».

UCDM

a la solución. Vemos muchas personas preocupadas y muy pocas ocupadas en sus problemas. Henry Ford afirmaba que la mayoría de la gente gasta más tiempo en hablar de los problemas que en afrontarlos, y pienso que tenía razón.

Todos saben que preocuparse no sirve de nada pero pocos dejan de hacerlo. Invierten más energías en preocuparse y en hablar de los problemas que en afrontarlos.

Otra estrategia del ego respecto a los problemas es la «magia». Ésta consiste en buscar las soluciones donde no están. Es decir, la magia es actuar en el mundo debido a la creencia de que es allí donde están los problemas. La magia es actuar sobre los efectos, pero no en las causas. Un remedio mágico

> «En la quietud todas las cosas reciben respuesta y todo problema queda resuelto serenamente. Pero en medio del conflicto no puede haber respuesta ni se puede resolver nada».
>
> **UCDM**

es cualquier actuación del ego en el mundo creyendo que éste tiene algo malo y dejando activa la causa en la mente errónea.

Un milagro no es magia, es algo diferente. Los milagros siempre ocurren en la mente aunque pueden tener efectos visibles en el mundo. En este sentido, deshace todos los problemas sin importar su naturaleza.

9

La sanación
de las emociones

«La curación por la actitud
es elegir la paz en lugar del conflicto
y el amor en lugar del temor».

GERALD G. JAMPOLSKY

En este capítulo, veremos que sólo nuestros propios pensamientos, traducidos a potentes emociones, pueden herirnos y enfermarnos. Las emociones son la química del pensamiento; y en última instancia, sólo debemos corregir nuestra mente para sanar nuestras vidas, relaciones y cuerpos. Nunca estamos enojados por la razón que creemos sino por el tsunami de nuestras propias emociones fabricadas.

Conflicto de objetivos

Fijarse metas es bueno, no tiene nada de malo siempre que los objetivos «no te posean» a ti. Son cosas muy diferentes y estoy seguro que puedes entenderlo. Algunos objetivos ni siquiera son nuestros, los hemos tomado prestados de otras personas; tal vez sean los suyos, pero no los nuestros. Una obligación se confunde con objetivo cuando se expresa una «voluntad» en términos tales como: «debería», «tengo que», «he de»… En ese caso ya no se trata de una elección sino de una imposición. Es el objetivo ajeno pero con apariencia de propio. La pregunta más liberadora que conozco es: ¿Dónde está escrito? Pauta práctica: para conseguir paz perdona todos tus «debería».

Fíjate que los objetivos que abajo siguen, y considerados como «normales», son todos «objetivos del cuerpo». Supongo que sabrás que el cuerpo no tiene ningún objetivo puesto que es un medio. Además, todos esos objetivos operan en el tiempo, lo cual les añade mayor irrealidad. Veámoslos.

Entre los objetivos personales suelen figurar: una casa espaciosa, un buen automóvil, un empleo bien remunerado, una familia sin problemas, reconocimiento público, buena salud, amplio vestuario, viajes exóticos, vida social, tiempo libre… Todo eso está bien, más que bien, el problema empieza cuando esos objetivos toman direcciones opuestas. Son todos, desde luego, deseos legítimos pero también son muchas cosas que atender y por las que en su momento habrá que pagar un precio.

Tantos propósitos, y a tan alto nivel de exigencia, resultan agotadores. Para complicarlo, muchos objetivos son incompatibles entre sí. Por ejemplo, trabajar duro y disponer de tiempo libre es irreconciliable.

> «El objetivo del plan, de estudios, independientemente del maestro que elijas, es: "Conócete a ti mismo". No hay nada más que buscar».
>
> **UCDM**

La glotonería del ego es infinita y sus objetivos son el testimonio de su gula, y para hacerlos posibles deformará la realidad con el propósito de que sus demandas encajen en ella. Y lo conseguirá, creará su sueño, y empezará el juego de la ilusión y la desilusión.

El ego se infla para deslumbrar a otros egos. Es un pavo real sin trono ni reino.

Tras la lectura de este libro, si así lo deseas, tu primer objetivo puede ser disfrutar de la paz mental… y después de este objetivo todo lo demás. En el bien entendido que nada puede perjudicar la máxima prioridad: paz interior como el medio para conseguir y disfrutar de todo lo demás.

«El ego cree que alcanzar su objetivo es la felicidad».

UCDM

La incoherencia: desear paz, crear conflicto

A menudo, hacemos convivir en nuestra mente ideas contrarias y antagónicas; actuamos en contra de nuestras propias creencias. Por ejemplo, todos conocemos las razones para llevar una alimentación sana, pero al mismo tiempo también justificamos excepciones para transgredir las reglas. Otro conflicto de intereses muy frecuente, por ejemplo, consiste en tratar de ser auténtico y, a la vez, intentar agradar a todo el mundo, buscar aprobación ajena.

La ausencia de coherencia tiene un precio y se paga antes o después.

La falta de coherencia sume a las personas en una contradicción debilitadora. Hacer una cosa y pensar otra diferente es incoherente. Estos conflictos generan una pérdida de energía que nos expone a la enfermedad. Ésta es la mitad de las veces un síntoma de un desequilibrio a nivel mental y emocional; la otra mitad, de un desequilibrio nutricional.

Cuando una incoherencia amenaza con estallar, uno de los elementos en conflicto debe «renunciar» –cerrar la situación disonante–, para lograrlo la mente expulsa uno de los dos objetivos para que al menos el otro «sobreviva». Esta eliminación se conoce como «disonancia cognitiva». Un pobre «remedio» que descansa en una ilusión. Pero la renuncia es tan dolorosa como el conflicto que se pretende resolver. Es un conflicto pendiente por resolver oculto en la sombra.

Veo personas incoherentes que desean la paz y, a la vez, están enfadadas con todo el mundo (sus padres, su pareja, sus hijos…). ¿Cómo van a estar en paz si se hallan en pie de guerra con todos? No podrán conseguir la paz permaneciendo en el centro de sus conflictos. No sospechan que la falta de

«El objetivo del ego es claramente alcanzar su propia autonomía. Desde un principio, pues, su propósito es estar separado, ser autosuficiente e independiente de cualquier poder que no sea el suyo propio. Por eso es por lo que es el símbolo de la separación».

UCDM

coherencia entre lo que piensan o sienten con lo que se dicen o hacen sea el origen de sus males.

Curación emocional

La lista de las emociones negativas es larga: culpa, odio, celos, soberbia, rechazo, angustia, separación, ira, frustración, pena, ansiedad, enojo, cólera, depresión, resentimiento, amargura… todas estas emociones son diferentes expresiones del temor. Versiones, disfraces. Lo seguro es que cualquiera que sea la forma que el miedo adopta creará un desequilibrio que se reflejará en el cuerpo.

La salud es la paz en el cuerpo.

«El cuerpo no puede curarse porque no puede causarse enfermedades a sí mismo. No tiene necesidad de que se le cure».

UCDM

El miedo es una ilusión y, por tanto, es irreal. No hay una irrealidad más difícil de desarmar que otra, pues todas son igualmente irreales, en este sentido, ninguna enfermedad es más difícil de curar que otra. Esto puede entenderse con este símil: no existe grado de dificultad en despertar de una pesadilla más que de otra. Las pesadillas cambian pero lo que las concluye, despertar, es igual. Despertar es despertar, al margen de cuál es el sueño.

La apariencia que adopta la enfermedad revela la causa emocional; pero lo que importa es que, a un nivel muy profundo, se está produciendo un daño que debe ser reparado por el enfermo antes de que pueda esperar una curación real en su organismo. Disponer de la información sobre cuál es la causa emocional no implica la curación, la cual sólo es posible a través de la desactivación del «trauma emocional».

Intuimos que el cuerpo posee la inteligencia que crea mundos, que obra milagros. Sentimos la curación como uno de los milagros que el organismo obra a diario. Pero la ciencia no usa esa palabra, ¡Dios nos libre de introducir la palabra «milagro» en su vocabulario!, para eso ha creado una expresión técnica: «remisión espontánea».

Resulta extraño que la ciencia se valga del azar y la casualidad cuando no encuentra explicación. «El universo juega a los dados unas veces sí y otras no», parecen decir. Pero la brillante mente de Einstein se negó a aceptar que Dios juegue a los dados. Y así es: nada ocurre al azar.

Toda curación es emocional y sólo hay una emoción curativa: el amor. El amor, la ausencia total de temor, refuerza el sistema inmunológico y eleva la vibración del cuerpo hasta conducirlo a la salud; es decir: la ausencia total de conflicto. La salud es paz en el cuerpo y sólo se manifestará si la mente está en paz.

«La psicoterapia es la única forma de terapia que existe. Pues sólo la mente puede estar enferma, sólo la mente puede ser sanada. Sólo la mente tiene necesidad de sanación».

UCDM

Emociones atrapadas en el cuerpo

En un sentido estricto, un pensamiento libera una cierta química en el organismo. Cada emoción tiene su química particular. Las emociones son consecuencia de infinidad de neuropéptidos que revierten al flujo sanguíneo y llegan a todo el cuerpo. La actividad mental y las emociones afectan químicamente a los organismos. El efecto del «pensamiento químico», o emociones, en el organismo puede convertirse en problemas de salud. Esta estrecha relación entre pensamientos y emociones debería enseñarse en las escuelas y recordarse toda la vida.

Las emociones son «pensamientos químicos».

«No puede haber nada que un cambio de mentalidad no pueda afectar, pues todas las cosas externas son sólo sombras de una decisión ya tomada».

UCDM

Un «trauma emocional» es una emoción vivida como un dolor. Un acontecimiento doloroso (una separación afectiva, la muerte de un ser querido, un cambio inesperado, un despido, una ruptura, un diagnóstico, una ofensa, una pérdida…) queda atrapado en el tiempo y se condensa en el cuerpo. Estos «traumas emocionales» necesitan ser reconocidos, liberados y resueltos. Y el modo directo de conseguirlo es entender que, si bien la emoción es real, su causa no lo es. Una vez sanado el trauma causal, el cerebro «deshace» o invierte el proceso de la enfermedad dentro de la fase de reparación. Salvado el obstáculo, el cuerpo desactiva el mecanismo de supervivencia llamado «enfermedad».

Existe el convencimiento de que el cuerpo «crea» la enfermedad, de que el organismo, por así decirlo, «enloquece» de pronto y se ataca a sí mismo. En este taller aprenderás que todas las enfermedades tienen su origen en la mente. El cuerpo no es el causante de sus enfermedades pues en su propósito no se encuentra el de enfermar. En otras palabras, cuando enfermamos, lejos de estar haciendo algo «malo», el cuerpo está solventando una situación extrema. Resulta extravagante la idea de «luchar contra la enfermedad», cuando ella misma es el resultado de una lucha interna no resuelta. La sanación implica el abandono de toda lucha, la cual impide la curación.

Los cambios que el ego quiere no son cambios, le basta con una ilusión «mejor» –menos incómoda– que otra. Una «mentalidad enferma» percibe sus ilusiones como una verdad, ve el mal en el mundo pero no en su visión. No entiende cuál es la causa simplemente porque no la identifica como tal. No ve el «trauma emocional», ni recuerda su naturaleza espiritual, se limita a identificarse con un cuerpo, y eso es muy aterrador.

Por esa razón, la curación debe centrarse en sanar los «traumas emocionales». En este sentido, sólo la percepción ne-

cesita de sanación. A eso se reduce todo. Toda curación es mental porque toda enfermedad empieza en una mente dividida y separada. Toda curación es emocional; y el enfermo, el artífice de su curación.

La salud, según los principios expresados en este libro, es la paz mental y toda cura consiste en desprenderse del miedo a través del perdón. Por supuesto hay otros factores de peso que influyen en la salud y la enfermedad, y el principal es la alimentación. Si entiendes esto, dejarás de buscar el remedio a los males donde no se encuentra.

La sanación empieza a solas, con un acto de amor hacia ti.

«El miedo y el amor son las únicas emociones que eres capaz de experimentar».

UCDM

La enfermedad como vía de sanación

Las enfermedades tienen un sentido y una lógica emocional. Y el enfermo deberá encontrarla para poder sanarse. Por un lado, la intensidad del trauma definirá la gravedad de la enfermedad; y por el otro, el tipo de emoción concretará la localización en el cuerpo.

Sin conflicto que resolver no hay enfermedad.

Permítete permanecer abierto a la enfermedad como una respuesta desesperada para la supervivencia ante un suceso externo vivido como un trauma. Ante una situación comprometida y de urgencia, la biología toma el mando y hace lo que ha hecho durante miles de años: generar una respuesta física de supervivencia para el individuo y, ante todo, para la especie.

La función de la enfermedad es la curación. De hecho, es una tentativa desesperada de sanación. Es una idea difícil de asimilar porque la enfermedad es sinónimo de mal.

A menudo, tras el aviso de la enfermedad, las personas reaccionan revisando su escala de valores o su actitud frente a la vida. Lo urgente ahora es sanar el cuerpo, ciertamente, pero lo importante es disolver el bloqueo emocional que lo enfermó, o desintoxicar el organismo, y garantizar una curación definitiva para que no reaparezca el problema. La curación es responsabilidad del enfermo. Es una fantasía pensar que se puede curar la enfermedad sin la participación del enfermo. Y para que la curación suceda es necesario antes entender el sentido de la enfermedad.

Trata de imaginar un sistema que reprime una gran energía expansiva en su interior: ¿qué es lo que sucederá con probabilidad? Exacto: estallará. El alma no acepta tanta brutalidad

> «Toda enfermedad tiene su origen en la separación. Cuando se niega la separación, la enfermedad desaparece. Pues desaparece tan pronto como la idea que la produjo es sanada y reemplazada por la cordura».
>
> **UCDM**

y se expresará en el lugar más cercano: el cuerpo. Y el cuerpo, que es el campo de batalla de nuestras incoherencias, enfermará en un intento de curarnos. La negación de las emociones es interpretada por el cuerpo como una negación a la vida.

El cansancio mental y físico es el recurso del organismo para salvarnos la vida. Tal cual. Sin el cansancio, seguiríamos trabajando y trabajando hasta la muerte. Pero en lugar de agradecer su aviso, alargamos las jornadas. ¿Por qué? Porque en nuestra civilización se considera el cansancio como una debilidad, algo malo, cuando en realidad es una reparación natural para garantizar la supervivencia.

El «trauma emocional» es uno de los detonantes de la enfermedad y la superación del trauma la curación. El deseo del

«Sea cual sea la enfermedad, no hay más que un remedio».

UCDM

cuerpo es estar sano, no enfermo. El cuerpo está diseñado para poner en marcha toda clase de estrategias de supervivencia, muchas de las cuales aún no han sido entendidas. No deberíamos luchar contra la enfermedad porque en sí misma no es una causa, sino un efecto. Y enfocarse en los efectos puede aliviar pero no curar.

La enfermedad es la manifestación física de un miedo que curar. Su curación es una lección de entendimiento porque el cuerpo siempre obedece las órdenes de la mente.

La enseñanza de la enfermedad

La enfermedad es la «reparación» a nivel físico de una curación que no se está produciendo a nivel psíquico. Puesto que el espíritu no reacciona, la biología del cuerpo lo hace. El conflicto no puede quedar desatendido. La enfermedad es, pues, una solución, paradójica, de la biología a una situación de emergencia espiritual. Lo que el instinto de supervivencia de la especie entiende como la última posibilidad de supervivencia.

La enfermedad es la solución biológica para la única posibilidad que el cuerpo encuentra después de un trauma emocional intenso. Es el último intento del cuerpo por sobrevivir. Después de la superación del trauma o obstrucción emocional, y sólo si ésta se produce, seguirá la fase de reparación.

La enfermedad es la metáfora externa del reajuste que nos apremia a la curación interna. Su enseñanza estriba en contemplar el cuerpo como un medio y no como un fin como proclama el ego.

¿Cómo sanar? En primer lugar, mantener una actitud positiva ante todas las circunstancias de la vida; segundo, vivir desde el amor, sin ninguna clase de temor; tercero, dejar

de fabricar emociones negativas y reparar cualquier trauma personal; cuarto, perdonar sin reservas; quinto, seguir una nutrición sana; y sexto, desintoxicar el cuerpo, no envenenarlo más y realizar ejercicio regularmente.

Bendice tu cuerpo a diario, ¿sabes el enorme trabajo que hace para mantenerte con vida? Agradece a cada célula su participación en el proyecto de tu vida. Visualiza tu amor bañando cada órgano mientras cumple con su función. Habla con todas tus células y diles lo importantes que son. Y después, comprométete a darles paz a través de tu actitud y energía con una nutrición libre de tóxicos (alimentos procesados, carnes, tabaco, alcohol, fármacos…). ¿Estás listo para mandar este mensaje de amor a tu cuerpo?

«Las semillas de la enfermedad proceden de la creencia de que es posible encontrar felicidad en la separación».

UCDM

La sanación es un proceso, no un hecho aislado en el tiempo. El proceso de curación es la vuelta a la cordura, al amor. Cuando el enfermo se escucha, deja de repetir su discurso mental fúnebre y pasa a cuestionar su antigua verdad. Al hacerlo, es cuestión de tiempo que abandone viejos sistemas de pensamiento basados en el temor y que se deshaga –perdone, olvide– de todos sus miedos.

Sólo el amor sana una falta de amor. Nadie se cura a sí mismo, el auténtico artífice de la curación es el amor.

La enfermedad no es inevitable. La evolución de la conciencia humana podría extinguirla de la faz de la Tierra.

Crear salud, mejor que curar enfermedades

Es cierto que algunas enfermedades son erradicadas, pero creamos otras nuevas. ¿Por qué hay hoy día tantos, o más, enfermos como siempre ha habido? ¿En qué hemos avanzado? Si después de miles de años las enfermedades siguen afectando a la humanidad, la conclusión es obvia: no es un problema de tecnología. Más bien el problema podría estar en insistir en buscar la solución de los problemas del cuerpo en el cuerpo.

¿Tanto cuesta admitirlo?

La tecnología ha avanzado en la supresión de los síntomas, pero el hombre sigue enfermando, sigue habiendo tantos enfermos, si no más, como siempre ha habido. En la actualidad, por ejemplo, hay más personas que viven de la investigación del cáncer que enfermos del cáncer; y sin embargo, hay más enfermos que nunca. Y la tendencia es hacia arriba exponencialmente. Es una lástima que las bienintencionadas y multimillonarias investigaciones se orienten en la dirección equivocada. Sin embargo, la humanidad insiste en la vía tecnológica en detrimento de explorar su potencial autocurativo.

> «El cuerpo, pues, no es la fuente de su propia salud. La condición del cuerpo depende exclusivamente de cómo interpretas su función».
>
> **UCDM**

Hoy se sigue contemplando la enfermedad como un mal en sí mismo. Lo preocupante es que al centrarse en los efectos deja las causas sin corrección, listas para reaparecer más adelante. Su estrategia: fármacos, cirugía, técnicas agresivas. Todo ello con efectos secundarios importantes. Cada año un ingente número de personas en todo el mundo mueren a causa de diagnósticos equivocados o por los efectos secundarios de los tratamientos. Por no hablar de los efectos catastróficos de un diagnóstico severo comunicado sin tacto a un paciente asustado.

La ciencia aún se enfoca en una visión materialista –y ésta es su gran superstición– y no en una visión holística. Lo preocupante es que la persona promedio cree a pie juntillas que la ciencia tiene todas las respuestas –o casi– y le entrega un cheque en blanco.

> «La enfermedad es una forma de búsqueda externa. La salud es paz interior».
>
> **UCDM**

Los bomberos de la enfermedad actúan con la mejor de las intenciones pero, por desgracia, el cuerpo humano sigue expuesto a las mismas causas, incluso a nuevas, para enfermar.

Cuando tomamos medicamentos, en realidad, le decimos al cuerpo: «No me molestes». Y lo agredimos con una sustancia química extraña. Le mandamos callar. No censuro el uso de medicamentos ni de la tecnología médica, si el cuerpo está enfermo es porque la mente aún no sabe mantenerlo con salud. La ayuda de agentes externos es, por el momento, necesaria y sus avances, hasta que no se produzcan otros más profundos, son una bendición. Nadie dice que no se usen las medicinas, si alguien cree que pueden ayudarle, lo harán; pero ¿por qué conformarse con tomar píldoras?

Necesitamos una nueva medicina que nos ayude a crear salud y no a curar enfermedades. La alarmante especialización médica –especialistas que sólo tratan ciertos órganos del cuerpo– es una muestra más del desinterés por contemplar al paciente como un ser completo, con una realidad física y emocional, con sus traumas y conflictos personales. En el futuro, todo terapeuta debería ser psicoterapeuta –y procurar el entendimiento– porque toda enfermedad se origina en la falta de entendimiento.

La especie humana aún cree en la magia; es decir, que el cuerpo enferma y que puede curarse. Doble ilusión. La falsa sanación cree en la curación manteniendo las causas de la enfermedad. Y que alguien, o algo, puede curar a otro. Dispensa alivio pero no curación. Es muy triste que la ciencia se esfuerce en «curar» cuerpos y no «sanar» a las personas.

Veamos qué ocurre en otras culturas. En la antigua China, un médico cobraba de sus pacientes a lo largo de toda su vida, excepto cuando enfermaban. Entonces no sólo no co-

braba, sino que tenía que ocupar su tiempo y esfuerzo en sanarlo. El médico trabajaba para la salud de sus pacientes, no para curarles. Por aquel entonces, la enfermedad no era un negocio como lo es hoy en día.

La medicina del siglo XXI deberá introducir el factor espiritualidad en sus tratamientos si quiere salir de su laberinto.

«No confundas el efecto con la causa, ni pienses que la enfermedad está aparte y separada de lo que debe ser su causa».

UCDM

10

La percepción cuántica del tiempo

> «Decido vivir este día sin fantasías de pasado-futuro, porque este momento es el único tiempo que existe».
>
> GERALD G. JAMPOLSKY

En este capítulo, entenderemos que la paz mental sólo es posible en este momento presente y que el pasado y el futuro son dos ilusiones irreales que nos alejan de la única opción de ser felices en el presente. No es lo que ocurre lo que nos quita la paz sino lo que ocurrió o lo que puede ocurrir, pero todo eso son resentimientos y preocupaciones sobre sucesos que no existen en este momento.

Un día cada día

Te propongo una receta sencilla: vive un día cada día. Basta con un momento a la vez, el momento presente. Cada cosa a su tiempo y ninguna fuera del momento que le corresponde. Con un día cada día es suficiente.

«Hoy vivo este día. Para el resto de la vida cuento con el resto de mi vida».

No es tan difícil vivir un solo día a la vez.

Deja que el tiempo cumpla con su función y, mientras, haz lo tuyo. Presionar para que lo que deseas ocurra fuera de su tiempo es malograrlo. El tiempo es un ingrediente del logro. Si tratas de presionarlo, lo echas a perder todo. La no aceptación del ritmo natural de las cosas malgasta la oportunidad.

Toma cada vez un día.

Si deseas que el instante presente de paso a la siguiente realidad, escucha lo que este momento le dice al alma, aprende la enseñanza que conlleva, atiende las necesidades de esta situación… y se desbloqueará.

Algunas personas convierten su cama en la «máquina del tiempo» cuando se acuestan. ¿Cuántas noches de insomnio hemos pasado pensando en lo que hicimos o en lo que vamos a hacer? Se trata de un viaje en el tiempo, donde en realidad nunca ocurre nada. En el primer caso el diagnóstico es «empacho de pasado»; en el segundo, «empacho de futuro». Pero, a lo que vamos, ¿no podrías «empacharte de presente»?

Los diferentes usos del tiempo son como:

> «El ahora es lo que más se aproxima a la eternidad en este mundo. En la realidad del «ahora», sin pasado ni futuro, es donde se puede empezar a apreciar lo que es la eternidad».
>
> **UCDM**

Una medicina (aceptación del momento presente). Un veneno (resistencia al momento presente).

La próxima vez que pienses: «No tengo tiempo», pregúntate cómo no puedes tener tiempo si este momento presente contiene todo el tiempo disponible en el universo. Cuando afirmes: «Me falta tiempo» para esto o aquello, no lo tendrás porque el tiempo es tu creación y cuando declaras una necesidad la haces real.

La impaciencia es presión y, como tal, un instrumento del ego. El ego parece decir: «No debería estar ocurriendo» o «Ya debería haber ocurrido». La impaciencia conduce a consentir las propuestas del ego y a ignorar las del yo verdadero. Es precisamente su falta de confianza lo que detiene el tiempo y aleja el resultado. Las pausas, que tanto enojan al ego, son necesarias. Es la prueba de que a un nivel interno, no visible, se están reordenando muchas cosas que serán de

> «El ahora es cuando te liberas del tiempo».
>
> **UCDM**

utilidad para cubrir el siguiente avance. Las pausas son movimiento pero en el nivel no aparente, o interno, del asunto.

Recuerda que el tiempo es un medio y no un objetivo. Quien lo necesite lo tendrá: y quien no lo necesite podrá prescindir de él. Renuncia a la preocupación por el tiempo.

La curación del alma puede ocurrir en un segundo o llevar toda una vida, lo seguro es que se produce en el ahora –no en el pasado, no en el futuro–. Sé que muchas personas necesitan una vida entera para sanar su percepción y también sé que nada les impide hacerlo en un instante. Una vez más, el tiempo es un medio para alcanzar un objetivo; y cuando éste se logra, los medios desaparecen.

El tiempo necesario es el tiempo idóneo, un segundo antes o uno después y el resultado se malogra. Si presionas el resultado, provocarás lo no madurado.

Un instante dura el tiempo necesario.

El tiempo no es real

Nuestras opiniones, creencias y comportamientos son el resultado de experiencias pasadas. Pero, si bien las opiniones pueden cambiarse en cualquier momento, no podemos decir lo mismo del pasado porque nada va a cambiarlo. Agatón el sabio dijo: «Ni siquiera Dios puede cambiar el pasado». Seguramente Él no se molesta en tratar de cambiarlo porque no cree en el pasado. ¿Y podremos cualquiera de nosotros? Creo que no. Los humanos somos rehenes del pasado y el rescate que pagamos se mide en términos de felicidad. Revisamos en nuestra mente sucesos del pasado como un disco rayado que se repite una y otra vez. Son cosas que ya sucedieron y que no tiene sentido examinarlas continuamente en la mente como si eso pudiera cambiarlas. No hay nada más

absurdo que la esperanza de cambiar el pasado y, sin embargo, es el sueño de las mentes dormidas.

El absurdo deseo de obtener un pasado mejor de lo que fue invalida el único momento disponible con el que contamos: el ahora. Permíteme incluir una cita que ilumina este concepto, es de Benjamin Franklin: «¿Amas la vida? No desperdicies el tiempo porque es la sustancia de que está hecha». Es cierto, el tiempo presente es la sustancia de la vida. En una ocasión, leí en un libro que los habitantes de cierta isla enseñaban a los loros este mantra: «Aquí y ahora, aquí y ahora». Las aves lo repetían continuamente para recordar a los isleños la importancia del momento presente.

El ahora es todo el tiempo que existe, está aquí para ti. Este concepto no necesita siquiera tiempo para entenderse.

«El presente existe desde antes de que el tiempo diese comienzo y seguirá existiendo una vez que éste haya cesado. En el presente se encuentran todas las cosas que son eternas, las cuales son una».

UCDM

El presente eterno es un ahora continuo en el que pasado y futuro son sólo una extensión del presente. El alma no necesita del tiempo porque «es» antes y después de todo. Cuando vislumbras la divinidad que hay en ti, reconoces tu eternidad. En eso radica la paz de este momento.

El ego hace un uso del tiempo que aviva su miedo. Como cree en el miedo, la percepción que tiene del tiempo es igualmente temerosa. Su premisa es que el pasado y el futuro son temibles. El presente no significa nada para él. El pasado es sinónimo de culpa y el futuro de preocupación. Entre ambos parece no haber nada, salvo preocuparse de uno y otro. En semejante escenario ¿dónde queda la paz de este momento? Los usos del tiempo que hace el ego sirven a sus fabricaciones: la culpa y el temor.

En presencia del amor, el tiempo deja de ser tiempo. Y su utilidad es transitoria. El tiempo parece decirse a sí mismo: «Lo que empieza termina», y así también ocurrirá con la desaparición del tiempo.

Ningún día tiene dos amaneceres. Un reloj sólo marca una hora.

Esto es seguro: la vida se vive en el presente. Éste es el uso que el amor hace del tiempo como instrumento para alcanzar la paz. Todo lo demás son juegos malabares del ego con su creación favorita, el tiempo, de tal modo que es imposible librarse del miedo.

Memoria del futuro, esperanza en el pasado

La alegría de la paz interior se experimenta en el ahora; no en el pasado ni en el futuro. Buscarla donde no está conduce a no experimentarla en absoluto. Tal vez fuimos felices en el pasado, pero no porque el pasado «es más feliz que este

> «La realidad no cambia con el tiempo, el estado de ánimo o la ocasión. Su naturaleza inmutable es lo que hace que sea real».
>
> UCDM

momento», sino porque en aquel instante estuvimos presentes. Revisa tus momentos más felices y comprueba como en todos ellos estabas plenamente presente. Los bebés y los animales no necesitan ni pasado, ni futuro para ser felices, viven intensamente el presente como el único instante disponible.

Su percepción del mundo no está fragmentada. Así de simple.

Ni el instante que el ego declara como «bueno» ni el que declara como «malo» son para siempre, el cambio es inevitable. Las cosas irán «bien» unas veces y «mal» otras, por encima de tales valoraciones la paz interior es posible en todo momento. El tiempo lo pondrá todo en su lugar y mostrará

«La invención del tiempo para que ocupase el lugar de lo eterno se basó en tu decisión de no ser como eres».

UCDM

las causas internas de todo suceso. Cuando se armonizan el «tiempo externo» –en el que se producen los cambios– y el «tiempo interno» –en el que se gestan– fluimos; y cuando no, nos estancamos.

Si crees que el momento presente carece de algo es que aún no comprendes toda la situación completa. Pero que no comprendas no significa que sea incomprensible, lo que es seguro por el momento es que aún no lo has hecho.

El pasado refuerza la culpa, y viceversa. El futuro refuerza el miedo, y viceversa. Lo cierto es que estás a salvo del pasado y eres invulnerable al futuro porque ninguno de ambos es real y lo irreal no puede ser una amenaza de ninguna clase. Todas las mentiras se refuerzan unas a otras porque por sí mismas no se tienen en pie.

No te desgastes adivinando qué ocurrirá y cuándo. Lo que suceda es para tu mayor bien y ocurre en el momento adecuado. Vive con esa certeza y todo estará bien. La confianza es un ingrediente del logro. Este momento es el único momento que existe. Todo lo que eres lo eres para siempre. Si aún no has elegido vivir este momento, ¿cómo entonces vas a ser feliz hoy?

La física de la metafísica

La física cuántica afronta la búsqueda de porciones de materia cada vez más sutiles con la intención de llegar al alma del universo. En esa empresa coinciden la física y la metafísica. Su lenguaje es diferente pero el contenido de su discurso es el mismo. Los metafísicos coinciden con los físicos en que afrontamos el enigma que explica la arquitectura del universo.

«Algo hace no sabemos qué», parecen decirnos. Es una declaración vaga y, a la vez, profunda.

> «No es el presente lo que da miedo, sino el pasado y el futuro, mas éstos no existen».
>
> **UCDM**

Por sus brillantes aportaciones, la percepción del mundo está cambiando y ya no volverá a ser la de antes. Lo que conocemos por realidad se asemeja cada vez más al concepto de realidad virtual. La conciencia de todos los seres que viven ahora mismo en el planeta, y la suma de la de todos los que han vivido antes de ahora, están diseñando el mundo material. No es ciencia ficción, es una de las conclusiones de la física cuántica y de las tradiciones de sabiduría orientales.

Los físicos cuánticos han demostrado que no es posible observar la realidad sin influir en ella. ¡Qué conclusión tan espiritual! Es decir, la realidad no existe independientemente de la conciencia que la observa, sino como una «re-

> «Tal como el hombre piense, así percibirá. No trates, por lo tanto, de cambiar el mundo, sino elige más bien cambiar de mentalidad acerca de él. La percepción es un resultado, no una causa».
>
> **UCDM**

lación» entre «el observador» y «lo observado». ¿Entiendes por qué la realidad es subjetiva? No debería extrañarnos, a fin de cuentas, la materia es uno de los tres estados en que se expresa una partícula: materia, energía, onda de probabilidad.

Cualquier «cosa» que se te ocurra dispone de esos tres modos de manifestarse. Y los tres a la vez.

Chocante, ¿no es cierto? Yo tampoco lo comprendí a la primera, pero prosigamos.

Como «observadores» del mundo, lo estamos creando continuamente. Sin observador no hay realidad, pero sin realidad ¡tampoco hay observador! En pocas palabras, somos arte y parte en todo cuanto experimentamos. Sin el observador, o sin algo que observar, no hay nada de lo que hablar, apenas posibilidades potenciales.

Si «miras» pasan cosas, si no «miras», nada.

La realidad es tan aleatoria que la mecánica cuántica se limita a predecir probabilidades de sucesos: no sabemos qué es lo observado hasta que lo hacemos, pero sí sabemos de antemano las probabilidades que tiene de ser una cosa u otra. Si todo lo que podemos decir es que cada suceso tiene asociada una tendencia expresada en probabilidades, entonces, ¿dónde está la certeza? Cuando lo comprendí me asombré al pensar en tantas y tantas personas en busca de la «seguridad». Ésa es la ilusión.

El paradigma cuántico nos dice que vivimos en un universo, no de «cosas», sino de correlaciones. En este libro no me he cansado de repetir que el pensamiento es «la correlación» entre creador –mente– y lo creado –mundo–. ¿Puedes ver la relación?

«La proyección da lugar a la percepción. El mundo que ves se compone de aquello con lo que tú lo dotaste. Nada más. Es el testimonio de tu estado mental, la imagen externa de una condición interna».

UCDM

Tus pensamientos son pompas de jabón porque crean microuniversos dentro de éste.

El símil que sigue lo aclarará. Al principio toda la materia del cosmos estaba unida, tras el Big Bang se desparramó por el vacío. Si todo estuvo unido, sigue estándolo… a un nivel cuántico. Todo guarda la memoria de todo; por esa razón todas las partículas del universo, y eso te incluye, conservan su mutuo recuerdo. No puedes pensar, sentir o hacer nada que no resuene en todo el universo. Todo está correlacionado, la separación no existe, es una ilusión inducida por los sentidos.

El mundo material es insustancial

Una onda es una vibración que se expande a una determinada amplitud de frecuencia. Resulta difícil pensar en un comportamiento onda de un objeto sólido, sin embargo –aunque imperceptible por su baja longitud– cualquier «cosa» material lleva asociada una función onda, es decir, vibratoria. ¡Todo vibra! Todas las partículas subatómicas tienen un comportamiento onda. La materia puede explicarse por su comportamiento onda aunque no sea apreciable por nuestros sentidos, ¡la materia vibra como un pulso, como un latido!

Una vez que la función onda ha «probado» todas las posibilidades elige una y se hace real. Ya no es onda sino partícula. Nos resulta más sencillo comprender el comportamiento «partícula» de la materia porque la asociamos a «una cosa».

Onda y partícula son los dos modos alternativos en los que la materia puede manifestarse y, aunque acabará eligiendo, al mismo tiempo es ambas cosas a la vez. Qué concepto tan místico. ¿Qué es una cosa que se comporta unas veces como partícula y otras como onda? Respuesta: una extraña combinación de ambas.

¿Entiendes ahora por qué durante esta lectura he insistido en que el mundo es una creación y que no tiene más sentido que el que tú le das?

Experimentemos con la luz.

La luz también puede comportarse como onda o como partícula –como todo en el universo–. La explicación de su comportamiento ondulatorio o corpuscular no es su cualidad, sino la cualidad de nuestra «relación» con la luz. ¿Por qué? Porque en el acto de la observación se establece un «diálogo», una interacción entre «el observador» y «lo observado» y ese «diálogo» tiene consecuencias… y crea resultados acordes con las expectativas del observador.

«Esto es todo lo que el mundo del ego es: nada. No tiene sentido. No existe. No trates de entenderlo, porque si tratas de entenderlo, es que crees que se puede entender, y, por lo tanto, que se puede apreciar y amar. Eso justificaría su existencia; la cual es injustificable».

UCDM

El universo material es esencialmente no material. Las partículas de la materia son energía y, por tanto, el universo es fundamentalmente energía, no materia. De hecho, la materia no es más que energía organizada en «campos inteligentes». Te prometí que esto se pondría interesante. Las partículas son representadas en el espacio pero lo transcienden. Ya nadie sabe qué «forma» tiene un átomo, ¡porque no tiene forma! Al estar las partículas elementales relacionadas entre sí, comparten información. La «velocidad» de comunicación es llamada «súper-lumínica» porque supera cualquier velocidad, ¡incluida la de la luz! Mejor aún, transciende la distancia porque no «viaja», está en todas partes.

Las partículas subatómicas se comunican entre sí, no importa si una está en un extremo del universo y la otra en

> «Todo lo que percibes da testimonio del sistema de pensamiento que quieres que sea verdadero».
>
> **UCDM**

el opuesto. En el espacio cuántico no hay distancia. Toda la información se «comparte» porque está en todas partes al mismo tiempo. La cuantización de la conciencia hace que le conciernan a ésta las mismas reglas que al universo de partículas: no localidad, correlación absoluta, potencialidad pura, superposición de posibilidades, infinitud… bienvenido al paradigma de la conciencia cuántica.

Tal como Buda anticipó en sus enseñanzas: «No existe ninguna cosa que sea una cosa».

Las explicaciones de los físicos cuánticos no son teorías, sino tecnología contrastada por la matemática y la experimentación; y constituyen un cuerpo consistente con todas las demás disciplinas de la ciencia. Su coherencia es tal que la física cuántica es conocida como «la ciencia de las ciencias».

Para los místicos-físicos cuánticos la conciencia es creativa, no en un sentido poético sino literal. Los que echaban de menos una explicación científica a las tesis del misticismo y la espiritualidad ya la tienen –aunque no terminada–: la física cuántica.

La conciencia colectiva

De lo anterior se deduce: todos afectamos la realidad, somos responsables de nuestro destino y del de la especie. Para el autor R. Sheldrake cada experiencia y recuerdo son almacenados en una «biblioteca colectiva» que contiene toda la experiencia humana en una memoria compartida. Él lo llama «campo morfogenético». Otros autores utilizan términos equivalentes: «cerebro global», según Bertrand Russell, «inconsciente colectivo», según Carl Jung, y «campo A», según los científicos. No importa cómo se llame, lo importante es lo que dice: la conciencia individual conecta con la conciencia global.

«El mundo que percibes no pudo haber sido creado por el Padre, pues el mundo no es tal como tú lo ves. Dios creó únicamente lo eterno, y todo lo que ves es perecedero. Por lo tanto, tiene que haber otro mundo que no estás viendo».

UCDM

En el ámbito de la conciencia, la mente individual accede a la mente colectiva donde dispone de todo el conocimiento. Y en momentos de intuición, o conexión, recibe inspiraciones de una inteligencia infinitamente superior. Y cada aportación personal a la conciencia colectiva hace avanzar a ésta en su evolución. El escritor A. de Saint-Exupéry describió perfectamente la síntesis de todo esto: «Cada uno es el único responsable de todos».

De la dependencia a la independencia, y de ésta a la interdependencia o interexistencia. Todos somos Uno.

Este paradigma explica, por ejemplo, que una misma idea pueda ser co-creada por individuos separados o que un número suficiente de personas, una masa crítica, convierta su

«Lo que te atrae desde detrás del velo es algo que se encuentra en lo más recóndito de tu ser, algo de lo que no estás separado y con lo que eres completamente uno».

UCDM

conocimiento en un aprendizaje colectivo para la especie. Basta que un número suficiente de individuos alcance una «mentalidad milagrosa», para que ésta sea una cualidad adquirida por toda la especie. Hoy más que nunca, un pequeño avance «individual» comporta un avance grupal que ahorra mucho tiempo a la especie. Por este motivo has leído aquí que los efectos de los «milagros» crean efectos inimaginables para ti y que nunca conocerás en su totalidad.

Los físicos cuánticos concluyen que la información no viaja porque toda ella ya está en todas partes a la vez. En el universo, no existe el concepto de «separación» salvo en la percepción limitada de nuestros sentidos. El concepto de «separación» es, por definirlo con una palabra, extravagante. Si las personas percibieran desde la unidad, y no un universo fragmentado, si aplicaran en sus vidas este conocimiento, dejarían de sufrir.

Conozco un koan zen que ilustra este punto. Un maestro le pregunta a su discípulo: «¿Cómo hacer para que una gota no se seque nunca?». El joven comprende que la gota es cada uno de nosotros pero no acierta a elaborar una respuesta. El maestro finalmente responde: «Arrojándola al mar». Todos nosotros –como vasos de agua extraídos de un río– somos parte de algo mayor a lo que regresar, después de esta aventura con apariencia de experiencia corpórea.

Examinemos otro paradigma sorprendente: un holograma es una de esas imágenes en tres dimensiones que, estando impresas en dos, parecen tridimensionales. Las hemos visto en muchos lugares, incluyendo una versión sencilla en las tarjetas de crédito. Para crearlas es preciso utilizar tecnología láser. Básicamente se construyen partiendo en dos mitades un haz de luz láser, uno de los haces se dirige a la placa holográfica a impresionar, y el otro se desvía hacia la imagen desde la cual se devuelve a la placa.

«En el instante santo no ocurre nada que no haya estado ahí siempre. Lo único que sucede es que se descorre el velo que cubría la realidad. Nada ha cambiado. Sin embargo, cuando se descorre el velo del tiempo, la conciencia de inmutabilidad aflora de inmediato».

UCDM

Lo asombroso de estas imágenes es experimentar con los fragmentos de la placa holográfica. Si se rompe un holograma en pedazos, cada uno de ellos contiene la totalidad de la imagen si se examina bajo la luz láser. Cada uno de los pedazos del holograma reproduce la imagen entera de la placa, cada parte es la totalidad, cada detalle de la imagen está en toda la placa. Desde luego eso no ocurre cuando rompemos una foto convencional.

El universo se comporta holográficamente, la mente es holográfica –la mente está en el cuerpo y el cuerpo está en la mente–, la conciencia también lo es. Hoy se sabe que nuestro cerebro contiene en cada una de sus partes toda la información de la que dispone, como si no se localizara en ninguna

«El conocimiento es uno y no tiene partes separadas. Tú que eres realmente uno con él, sólo necesitas conocerte a ti mismo para que tu conocimiento sea total».

UCDM

zona concreta. Este libro es también un holograma porque lo que hay escrito en cada parte de él está implícitamente en todas las demás y el conjunto forma una unidad coherente.

El paradigma holográfico es otra forma de ver el mundo y, como sucede con todas las enseñanzas de la física cuántica, es un primer paso de otros que nos conducirán al puro asombro.

11

Mente milagrosa, corazón compasivo

> «El amor es la ausencia total de temor.
> Amar es despojarse del temor».
>
> GERALD G. JAMPOLSKY

En este capítulo, veremos la importancia de una mente milagrosa para que los milagros tengan espacio y puedan ocurrir. Y la forma de estar listo para que se produzcan es hacer a un lado el temor y las barreras que hemos construido entre nosotros y el Amor. Una mente milagrosa es una mente libre de miedo, es creativa y extiende el amor porque ha despertado del sueño pesadilla o matrix dolorosa en el que vive la humanidad.

Cambiar la percepción es un milagro

La mente que aplica los principios de este libro se convierte en una «mente milagrosa». La Escuela de Almas tiene un propósito y es entrenar tu mente para extender los milagros de tu mente. Esto no significa que deba realizar nada extraordinario en el mundo material, sino a un nivel mental.

Una «mentalidad milagrosa» es aquella capaz de pensar con perfecta conciencia de quién es y refleja en todo momento el modo de pensar de Dios. Es, por tanto, impersonal y prescinde de la visión del ego. Su mayor logro es la renuncia a seguir pensando por cuenta propia e integrarse a la visión del amor.

Tu tarea es vigilar tus pensamientos y mantener esa vigilancia en todo momento. Aún no es un hábito pero puede llegar a serlo con un entrenamiento. Para la mentalidad ordinaria, lo extraordinario es un milagro. Ahora estás aprendiendo a pensar con una mentalidad milagrosa. Los milagros son cuestión de entrenamiento. ¿Cómo sabrás que ocurren? Podrás ver sus efectos, pero no podrás ver con tus ojos su causa porque el amor es siempre la causa de un milagro. Al principio, pensarás que quien hace los milagros en tu mente eres tú, pero descubrirás que es el amor. No olvides que estás cursando un Taller de Amor.

El amor no hace nada para conseguir nada. Aun así es inevitable que cuando invites al amor a entrar en tu vida te lo dé todo. Pero recuerda que todo lo que consigas es un efecto y que la causa es la corrección de la percepción errónea. Tu realidad es una pantalla de proyección que representa tu «película»; y sin esa conciencia, o inconsciencia, el mundo que ves simplemente no existiría.

Un milagro no cambia nada en el mundo porque no hace nada en el sentido que se suele imaginar. No ocurre en el ni-

vel material aunque suele tener efectos visibles. El concepto de milagro que aquí examinamos no tiene nada que ver con el de magia ni con la acepción religiosa. No tiene connotaciones sobrenaturales porque el amor es lo más natural en el universo. Este libro te enseña lo opuesto a lo que te han, o te has, enseñado. De hecho, este libro invierte el entendimiento tradicional sobre muchos temas al zarandear los barrotes mentales que aprisionan tu mente. Es directo porque nuestra obsoleta mentalidad necesita cambios radicales.

Lee para cambiar de mentalidad.

Cuando corriges un error en la percepción de la mente, en ese instante sus efectos desaparecen como si nunca hubiesen

«Los milagros ocurren naturalmente como expresiones de amor. El verdadero milagro es el amor que los inspira».

UCDM

existido salvo como un recuerdo; y de inmediato, se manifiestan las ventajas de la corrección. Lo opuesto a crear es dejar de crear. Esta expresión se acerca más a lo que es un milagro. Un milagro deshace un error en la mente. Ahora entiendes por qué un milagro no hace nada en el mundo sino que deshace en la mente.

Con el tiempo, entenderás que un milagro no tiene ninguna importancia ya que al ser una corrección de una fantasía en la mente pertenece igualmente a lo ilusorio. Cuando el error desaparece, su corrección desaparece y ambos «nunca han existido». Más allá, lo sobresaliente es el estado mental capaz de obrarlos.

Programación mental positiva

Con el tiempo, hemos ido registrando programas limitadores. Han sido muchos «no» los que hemos ido sumando a lo largo de los años. Cada negación ha restado posibilidades a la expansión de nuestras vidas.

A menudo, las instrucciones recibidas de nuestros educadores fueron formuladas negativamente centrándose en lo que «no» había que hacer. La clase de educación enfocada en lo negativo en lugar de lo positivo enseña qué no hacer, pero sabe poco sobre las cosas que hacer. Esta desenseñanza nos entrena a enfocarnos en lo que se debe evitar; y sin quererlo atrae lo que no queremos. No es mala suerte, no es el destino, no «es lo que hay». Es lo único que puede suceder cuando una mente se enfoca en lo que no quiere.

Los pensamientos temerosos atraen toda clase de situaciones temerosas.

En la mente de un adulto existen tantos «no» acumulados que parece que la vida es el resultado de un amargo proceso

de eliminación. No es de extrañar que a media edad, alrededor de los cuarenta, tantas personas acudan a seminarios de desarrollo personal para desaprender lo que aprendieron y no les ha funcionado o bien para adquirir el conocimiento combustible que reorientará el resto de su vida.

Lo más importante que aprenderás no te lo enseñará nadie, lo aprenderás tú.

Lo que yo he aprendido es que las personas no tienen problemas con la vida sino con los «patrones mentales» que manejan. Y esto vale para el dinero, el trabajo, la salud o las relaciones… He aprendido también que las «programaciones mentales» pueden cambiarse si las cuestionamos. Por suerte, puedes cambiar cualquier creencia porque, recuerda, en tu

«Los que tienen necesidad de curación son simplemente aquellos que aún no se han dado cuenta de que la mentalidad recta es en sí la curación».

UCDM

mente sólo puedes pensar tú mismo. Y siendo así, ¿quién podría contradecirte?

Programa tu mente para la paz interior, la abundancia, la salud, para lo grande y lo mejor.

Una «mente milagrosa» está entrenada para percibir sin límites. Para una «mente milagrosa» los milagros son algo natural, no una excepción. Si encuentras esto algo difícil de creer, deberías ensanchar tus creencias a menos que desees la estrechez de miras.

Autocorrección

Deseo que cada palabra que sigue vuele desde esta página a tu corazón. Nuestro propósito en el planeta no es «la corrección mutua» sino la autocorrección.

Necesitas escuchar tus pensamientos para poder corregirlos, para «oírlos» necesitas tranquilidad y para ello deberías ingresar en «el aula del silencio». Busca tu tiempo para examinar tus pensamientos, incluso encuentra tu tiempo para prescindir por completo de ellos. Silencio.

La autocorrección es tu disciplina interna para conducir tu mente hacia la paz interior. Es un trabajo continuo del que no se puede prescindir. No caigas en la tentación de sustituir tu autocorrección por la corrección de los demás. No funciona, todos lo hemos comprobado. El ego cree que lo único «malo» del mundo son los demás. Tampoco esperes ningún premio en el aquí o en el más allá, tu recompensa es la calma y la paz de espíritu ahora.

Como tu mente no puede dejar de percibir y la percepción es una ilusión, deberás aplicarte en entender que las ilusiones no tienen nada malo siempre y cuando no se tomen como

una realidad. El modo de poner en su sitio una ilusión es dejar de atribuirle algún valor y considerarla como lo que es: una creación mental.

Nadie cree en lo que no tiene valor.

Siempre que sientas perturbación es porque alguno de tus patrones mentales necesita examen y corrección. Cuando tu visión se haya deshecho, te alcanzará la calma y sabrás que has hecho bien tu trabajo de autocorrección.

No importa lo que ocurra, nunca pierdas tu inocencia.

Mantén la confianza en todo lo bueno que la situación tiene para ti, deshazte de las prisas y la urgencia por abandonar

«Lo único que el error pide es corrección, y eso es todo. Todo error es necesariamente una petición de amor».

UCDM

la situación difícil y saldrás antes de ella. Si tú eres suave, la situación será suave contigo. Míralo de este modo: las dificultades que el ego califica como difíciles, o imposibles, acarrean transformaciones para el espíritu difíciles de obtener de otro modo. ¿Y si ésta fuese la forma más sencilla y la que has elegido para aprender?

Si respondes a la situación, sea cual sea, desde tu equilibrio interno has aprendido; si reaccionas, pierdes tu centro de gravedad y caes, no has aprendido. Afrontarás la misma prueba de diferentes modos hasta que tu respuesta sea creativa y no destructiva. Lo que está ocurriendo se gestó en el pasado pero exige una solución en el presente. Las fuerzas que ahora se liberan tú mismo las desencadenaste, no te culpes ni te victimices, corrígelas. La corrección de la situación consiste en conducirla al amor.

He comprobado que se produce un gran avance cuando dejas de reaccionar y pasas a responder. En lo primero no hay elección, en lo segundo sí. Una respuesta es una expresión de responsabilidad manifestada desde tu centro. Pero una reacción es un acto de irresponsabilidad debido a la pérdida de poder personal frente las provocaciones de otros egos.

El beneficio de la autocorrección es que te conduce a desvincularte de actitudes apegadas a personas o resultados. Una persona no dependiente es libre y, por tanto, no está condicionada por las exigencias del ego. Asume el poder personal que antes de autocorregirse entregó al ego gratuitamente. El beneficio parece tuyo y, en realidad, es compartido. La autocorrección significa que procede de ti pero no que sus efectos sean sólo para ti.

Cuando por fin percibas una mejora, ten siempre presente que es fruto de tu disciplina, de autocorrección, sostenida por tiempo y tiempo. Si te abandonas, creyendo que has ter-

minado, si desvinculas tu disciplina interna de la mejoría en tus circunstancias externas, volverás con seguridad al punto de perturbación inicial. La relajación de las buenas costumbres mentales que te han conducido a la paz es una invitación a repetir comportamientos anteriores. Si te abandonas y relajas tu disciplina interna, perderás tu centro de paz.

El poder de una sonrisa

Regalar una sonrisa no cuesta nada, pero quien la recibe disfruta de una magnífica oportunidad para sonreír, ¡aunque solamente sea para devolverla! Si en tu vida ya te has dado cuenta del poder de una sonrisa, sabrás que es la llave mágica que abre al amor los corazones cerrados.

«Una sonrisa ha venido a iluminar tu rostro durmiente. Duermes apaciblemente ahora, pues éstos son sueños felices».

UCDM

Sonreír no es un gesto en los labios, los ojos y la expresión son parte de la sonrisa. Bendice a las personas. Las arrugas cercanas a tus labios son huellas de felicidad, siéntete orgulloso de ellas. Nada prende tan pronto en un alma como la luz de una sonrisa. Sonreír induce una cascada de efectos, todos beneficiosos. Por ejemplo, al sonreír se transmite al organismo entero una sensación de relajación. El cuerpo percibe, gracias a una sonrisa, que todo va bien y se relaja.

La risa es una medicina preventiva, y en la «nueva medicina» del futuro será prescrita como un eficaz remedio sin contraindicaciones. De hecho, ya se usa como tal en algunos hospitales en el tratamiento de enfermedades graves. Diferentes estudios muestran que la risa, al liberar endorfinas, fortalece el sistema inmunológico.

Lo que vas a leer ahora es una de las partes importantes de este libro. Tu sistema emocional es el foco de atracción de experiencias, personas y de toda clase de acontecimientos. No es lo que piensas lo que magnetiza su equivalente material sino las emociones asociadas a esos pensamientos. Tu sistema de pensamiento es tu foco de atención creativo y tu sistema emocional tu foco de atracción de manifestación.

Si no puedes cambiar tus pensamientos y, en consecuencia, tu estado emocional, eres adicto a la química asociada. Pocas personas consideran que son adictas a una emoción, y menos aún si ésta es destructiva. Tal vez detestan la emoción pero necesitan su dosis diaria de la química asociada. El reconocimiento de la adicción es el primer paso para superarla.

Muchas personas piensan algo así: «Cuando consiga lo que quiero, seré feliz». Pero una «mente milagrosa» piensa al revés: «Cuando seas feliz, conseguirás lo que quieres».

Sé feliz, ahora. Sonríe.

«No pienses que puedes encontrar la felicidad siguiendo un camino que te aleja de ella. Tú que piensas que este curso es demasiado difícil de aprender, déjame repetirte que para alcanzar una meta tienes que proceder en dirección a ella, no en dirección contraria».

UCDM

Lo imagino terminado

Una «mente milagrosa» visualiza, imagina lo que desea como si fuera real, sueña despierta y, al hacerlo, crea realidades. La mente hace aquello para lo que está diseñada, crea la realidad en todo momento. Es tan increíble que no podemos ni siquiera entender lo misterioso que es el proceso.

En la imaginación la mente vive una experiencia como si fuera real. El subconsciente no hace ninguna diferencia, no distingue entre lo real y lo ficticio. Se limita a tomar nota, registra las emociones y se programa para crear y atraer experiencias en consonancia.

Un pensamiento produce efectos reales.

«Los milagros son expresiones de amor, pero puede que no siempre tengan efectos observables».

UCDM

Quien crea que un pensamiento es neutro y no tiene ningún efecto vive una gran fantasía. En última instancia, la diferencia entre pensamiento y materia es su velocidad de vibración. Me gusta recordar que los pensamientos son cosas y que mi imaginación convierte mis imágenes mentales en realidades tan sólidas como este libro.

Una vez le preguntaron a Barbra Streisand cómo conseguía tanto éxito en todo. Respondió: «Antes de empezar lo veo terminado». Se refería a la visualización, sin duda. Apuesto a que no se preocupa en ese momento del cómo, ni de los medios necesarios. Se centra en el qué, en el resultado acabado, lo demás son detalles. Lo que sigue a la intención es tarea del universo que se ocupará en diseñar el «cómo».

La mejor forma de predecir el futuro es crearlo en la imaginación y, acto seguido, pasar a la acción.

Parece que estamos demasiado ocupados con nuestros asuntos como para imaginar posibilidades potenciales asombrosas. Por desgracia, lo que he comprobado es que las personas «no saben desear», o mejor dicho acaban por manifestar «lo que no desean» porque desconocen cómo servirse de la Ley de la Atracción y el poder de su «imaginación activa» (imaginación o «imagen en acción»).

La mayoría de personas son adictas a sus circunstancias presentes y, por ello, les cuesta tanto cambiarlas. Se limitan a reaccionar a lo que han creado inconscientemente en un bucle de repetición sin fin. No utilizan su «imaginación activa» para romperlo; si lo hicieran, pasaría lo que quieren que pase. Una de las habilidades que se aprenden en el seminario en el que desarrollo el Taller de Amor es a desear correctamente.

Como Barbra Streisand, yo también «vi» este libro impreso y encuadernado mucho antes de que lo terminara de escri-

«Lo que tú crees es cierto para ti».

UCDM

bir. Le inventé unas cubiertas, lo imaginé acabado y expuesto en una librería para «colaborar» a hacerlo real. Después, el universo organizó los medios: me condujo hasta el editor ideal con el que yo había soñado, quien contrató a un gran diseñador para la portada y a todo un maravilloso equipo editorial que ha creado el magnífico libro que ahora sostienes entre tus manos. Yo sólo tuve que escribirlo y confiar que aquello que yo no era capaz de hacer por mis propios medios se resolvería del modo más eficaz. Y así es como ha sido.

La capacidad para imaginar es un auténtico don para la humanidad, un milagro: en primer lugar, te permites conseguirlo; en segundo lugar, activas el poder creativo de la intención; en tercer lugar, colaboras con la inteligencia uni-

«Lo que tú crees, es cierto para ti».

UCDM

versal para que te asista en el proceso; y por último, creas un pensamiento semilla cuya energía «no tiene más remedio» que transmutarse en realidad material. Y todo eso sucede porque «lo has visto terminado», en la imaginación.

El vocabulario de la felicidad

En el modo de expresarnos y en la elección del vocabulario a menudo nos tendemos trampas mentales en las que caemos sin ser conscientes. Usamos palabras con muy poca energía. Una y otra vez utilizamos expresiones limitadoras. Y el hecho de oírlas y usarlas con frecuencia acaba por hacernos creer en desafortunadas ideas. Con el tiempo esas creencias son un hábito.

Algunas suenan a imposición: «tienes que», «hay que», «deberías…», etc. Otras añaden preocupación: «tengo un problema», «estoy preocupado por…», etc. Las más son negativas: «nunca te puedes fiar», «no sé»… Y las hay ambiguas y densas: «nunca», «siempre», «jamás», «todos»… Por no mencionar la increíble cantidad de justificaciones que empiezan con un «pero».

Las palabras son poderosas, hacen que las cosas ocurran en el mundo.

Es muy sencillo distinguir entre un hombre sabio y un hombre ignorante, por el «ruido» que hacen. El sabio es silencioso y escucha, el ignorante es escandaloso y no calla. Dijo Epícteto: «La naturaleza ha dotado al hombre de una lengua pero de dos oídos, para que podamos escuchar el doble de lo que decimos». Si quieres aprender, escucha, cuando hablas no dices nada nuevo que no sepas.

Las personas que hablan demasiado están dominadas por su ego que parece decir: «Escucha, lo que tengo que decirte es

más importante que lo que tú puedas decirme». Suelen interrumpir, alzar la voz o pensar en lo siguiente que dirán mientras no escuchan. Escuchar con amor es hacer al otro valioso.

Una «mente milagrosa» elige bien las palabras con que se expresa. Sabe que las palabras tienen un poder extraordinario.

Sabe que cualquier creencia, sin excepción, puede cambiarse modificando las palabras que lo expresan.

Escucha tu «diálogo interno» durante una jornada y te sorprenderás de tu discurso interior. Si descubres palabras tóxicas, imponte un «peaje», una pequeña «multa». Cada vez

«Es difícil de explicar con palabras porque las palabras son símbolos, y lo que es verdad no necesita explicación».

UCDM

que te sorprendas usando palabras tóxicas y expresiones limitadoras, corrígete para elevar la vibración de tu diálogo interior. Cámbialas por palabras nutritivas, expresiones tonificantes y pensamientos de alta vibración.

Las palabras determinan la estrechez o la amplitud de nuestra visión.

Ten por seguro que puedes modificar tu vida cambiando el vocabulario que usas. No hay nada que no puedas ser, hacer o tener, pero antes tendrás que expresarte de tal modo que lo haga posible. Tienes que aprender a expresarlo, atraerlo, y crearlo. Tus palabras son el camino. Mahatma Gandhi dijo:

«No hay caminos para la paz, la paz es el camino». Tú eres tu trabajo, tus palabras son tu camino.

El poder infinito de la gratitud

Una «mente milagrosa» bendice cada momento de su vida. Su corazón está lleno de gratitud. La gratitud es sinónimo de amor porque nadie puede amar lo que no agradece. Todos los hombres agradecidos han creado prosperidad y han inspirado a otros. La gratitud es muy atractiva, posee toda clase de bondades. Un corazón agradecido le está diciendo al universo qué es lo que valora y por esa causa recibe aún más. Es imposible experimentar éxito en cualquier aspecto de la vida sin manifestar gratitud en esa área.

La oración más breve que conozco es: «gracias». Algunos llaman a esta palabra «mantra», otros «decreto», otros más «afirmación». No importa porque sus efectos son seguros. ¿De dónde procede su poder? De millones de personas que antes de hoy, y durante miles de años, la han pronunciado con una profunda emoción de agradecimiento. Esa energía adherida ya por siempre a la palabra «gracias» actúa como

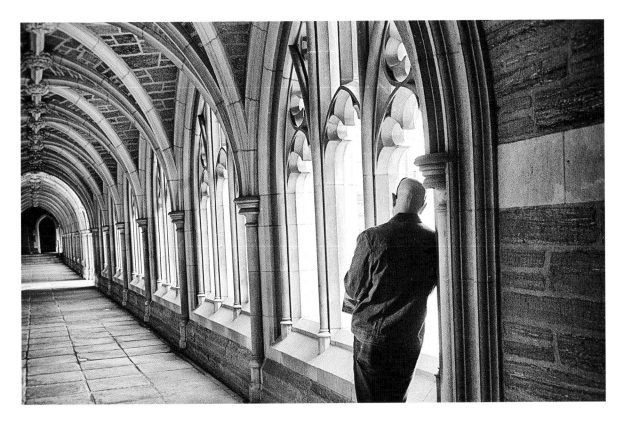

un imán de toda clase de bendiciones. Como ya sabes, tu sistema emocional es tu foco de atracción y manifestación.

El agradecimiento no es pronunciar una palabra nada más, es una actitud. Y el agradecimiento funciona cuando se convierte en un hábito diario y no como un acto esporádico y aislado.

No conozco a nadie que se lamente, se queje, eche en falta aquello de lo que carece y consiga verse libre de sus penas. Lo siguiente que puede esperar es que sus lamentaciones atraigan nuevas ocasiones para seguir haciéndolo. Y lo que echa en falta seguirá ausentándose. Es un sueño triste pero es la pesadilla que muchas mentes eligen soñar a diario. Y mientras sigan aceptando el sueño, éste tendrá el poder de

«Los milagros deben inspirar gratitud, no reverencia».

UCDM

hacerles daño. Actúa como una «mente milagrosa». Busca cosas simples por las que puedes estar agradecido y bendícelas. Agradece lo que eres, lo que sabes, lo que haces y lo que tienes. Por la mañana, cuando pongas tu primer pie en el suelo, agradece ese nuevo día. Cuando te arregles para salir de casa, agradece todo lo que el día te reserva. De camino a tu trabajo, da las gracias por todo lo que deseas y ya está en tu vida y agradece también todo lo que no deseas y no está en tu vida.

Vive con gratitud.

La más importante oración es: «Gracias», pronúnciala cada día al despertar.

Lo importante no es lo que agradeces sino el agradecimiento. Puedes agradecer una simple canción y elevar la vibración de tu energía tanto como si agradeces el nacimiento de tu hijo. Lo que cuenta es la emoción.

Si tu primera palabra del día es «gracias», verás como tu jornada empieza desde un punto de atracción milagroso y los milagros serán un hábito en tu vida.

Gracias por escoger esta lectura.

Ahora es el momento de aplicar sus principios para sanar tu actitud. Tu vida es un Taller de Amor. Gracias por estar aquí y ayudarme a aprenderlo.

Love.

Recursos

Si te impactó la lectura de este libro y deseas participar en los seminarios del autor, contacta para conocer las próximas fechas disponibles. Participa en una experiencia enfocada a la realización personal.

Si deseas establecer tu programa de coaching personal, visita su web donde recibirás un regalo:

www.raimonsamso.com

O escribe directamente para pedir información:

info@raimonsamso.com

- Si deseas complementar esta lectura con el **video curso sobre Un Curso de Milagros,** desde tu casa, visita la video escuela del autor en: **http://raimonsamso.info** y empieza ahora mismo el video curso: «Libre de Miedo», basado en Un Curso de Milagros.
- Si deseas participar en el seminario intensivo presencial en Barcelona «**SuperCoaching: Cita en la Cima**», de dos días, para poder hacer preguntas a Raimon sobre cómo hacer un gran cambio personal, apúntate a la próxima edición en: **info@raimonsamso.com**
- Si deseas estar informado de otras actividades realizadas por el autor, visita su página en Internet y suscríbete gratis a su newsletter de valor.

Sigue al autor en: YouTube (Canal Conciencia), Twitter y FaceBook.

Índice